# 「菜根譚」のことば

しなやかな心で生きる

佐久協

出版芸術ライブラリー
006

出版芸術社

# はじめに

『菜根譚《さいこんたん》』という書名の菜根は、芋や大根などの自然に自生している野菜の根の意味である。立派な人間になるためには、そうした野菜の根をしっかりと噛みしめなければならないというのだ。菜根は粗末な食事という意味合いもあるから、貧しい生活に耐えて勉励《べんれい》してこそ、人格を磨き上げられるという意味でもある。譚は談であり、ここでは訓話といった意味である。

高度成長期の日本人の顔は、顎《あご》にしっかりと筋肉のついた野球のホームベース型だったが、今では鋭角の逆三角形型になってしまったことは、しばしば指摘される通りだ。その結果、女性はもとより男性も美形にはなったが、気力や胆力が減少したとも言われている。

子供の頃から、繊維質のものや硬い食物をしっかりと噛みしめて育てば、イザという時に奥歯をグッと噛みしめて底力を発揮することができるようになる。

『菜根譚』は野菜の根に替えて噛みしめるべき人生訓を提供している書物である。というと、小ウルサイ書物と思われるかもしれないが、日本人には極めて馴染みやすい教訓が並んでいるので、読み出せばすんなりと受け入れられるはずである。ただし、原文は対句形式をとっており、忠実に訳すと言葉が飛躍しすぎていて難解な部分が少なくない。そこで、僭越ながら〝佐久魂胆〟として訓話の内容を現代風に要約して各章句の冒頭に掲げることにした。

著者の洪応明《こうおうめい》（字《あざな》は自誠《じせい》）は、明《みん》代末の人物で、科挙《かきょ》の試験に合格して一時は役人となったが、上手く行かず晩年に隠棲して著作に耽《ふけ》ったこと以外は、明確には何も分かっていない。

『菜根譚』から察すると、洪応明は誹謗中傷をはじめ数々の辛酸《しんさん》をなめた苦労続きの役人生活を送ったようだ。逆に、決して世俗的に成功した人物が書いたものでないだけに、その教訓はまさしく噛みしめるに値するものになっているのだ。

当時の官僚志願者は、科挙の試験を受けるために子供の頃から儒教を学び、合格した頃には儒教でガチガチの頭になっているのだが、洪応明は挫折によって広く仏教や道教にも目を向け、儒教・仏教・道教の三つが渾然《こんぜん》一体となった処世哲学を語れる境地に達したのだろう。そうした点では、「艱難汝《かんなんなんじ》を玉にす」を地でいった人物だったようだ。

中国では政治家や役人として挫折した者が、仏教や道教の世界に遊んで鬱屈《うっくつ》した気を晴らすことは珍しくないが、『菜根譚』は世俗をいたずらに否定したり山野に引きこもったりすることは不要であるとし、世俗にとどまり世俗を正そうとしているところが、それ以前の隠者志向の者の著作と一線を画している。

挫折した者の人生訓はとかくウラミ節になりがちなものだが、そこを乗り越えて、後続の者に人生の真意を伝えようとの心意気を持ち続けている点は、孔子の教えを体現していると言ってよいだろう。

　とりわけ興味深いのは、彼の自然観だ。彼の視点にはエコロジストと呼んでもよいような視点が含まれている。そうした点では、彼は時代を数百年も先んじていたのだ。自然を俗世から逃れるための避難場所とみなすのでなく、自然と一体となった生き方こそが人間や人間社会の本来の自然なあり方であるというのが、彼の基本姿勢だったのだ。

　現在の日本は長期の経済的低迷に加えての大震災や原発事故、その救済をそっちのけにした政治家の権力争い、イジメの横行、外交の混迷と八方ふさがりの状況にある。そうした時期であるからこそ、いたずらに悲観したり逆に声高に排外主義を唱えたりするのでなく、人間のありようを見直してみる絶好の機会なのだ。

　世界的にも国内的にも行き詰まり状態にある今こそ、『菜根譚』の精神を生かすべきだろう。

『菜根譚』は前集二二二章句、後集一三五章句の総計三五七章句より成っているが、本書では前集九〇章句、後集二九章句の総計一一九章句を訳出した。分量的にはちょうど三分の一だが、原文はかなり似た主張の章句もあるので、三分の一でも全体の概要はつかめるのではないかと考えている。

『菜根譚』はこれまで大人向きの、しかもかなり高齢者向きの本とみなされてきたし、一見マイナス思考的な面のあることも否定できない。そこで本書では、これから世に出る若者に役立ちそうな章句も多く選んで訳出した。本書によって少しでも元気が出れば、訳者冥利につきる。

なお参考のために書き下し文を書き添えたが、書き下し文は全面的に『菜根譚』今井宇三郎訳注・岩波文庫に従っている。

佐久　協

人生のピンチに読む！「菜根譚」のことば◉目次

## 第3章◆日々の生き方、心の持ちよう

## 第4章◆家族、友人、人との交わり

## 第5章◆自分の心に素直に向き合う

# 第1章 人間の品格を考える

他人に勝る才能も特技も個性もない、
周囲に埋もれ注目されることもない、
あまりにも平凡な人生に喜びが見出せない、
そんな悩みを持つ人に考えてほしいのが、
人間の品格は何にあるのかということだ。
特別であることに大きな意味はない。
平凡で大過ない人生に感謝し、
自分らしい自然体の生き方を楽しもう。

# 純な人間より、恥を知る人間になろう

権力や、欲得や、贅沢に近づこうとしない者は、清廉潔白な人物ではあるだろうが、それらに近づいても染まらない者こそ本当に清廉潔白な人物と言えるだろう。

手練手管やワル智恵を知らない者は高尚高潔な人物だろうが、それらを知っていながら用いない者こそ、本当に高尚高潔な人物と言えるだろうよ。

勢利紛華《せいりふんか》は、近づかざる者を潔《きよ》しとなし、
これに近づきて而《しか》も染まざる者を尤《もっと》も潔しとなす。
智械機巧《ちかいきこう》は、知らざる者を高しとなし、
これを知りて而も用いざる者を尤も高しとなす。

（前集四）

**【しなやかに生きるヒント】**

完全な人間はいない。ところが、完全な人間になろうとする人が多い。そして、理想の自分と比べて現在の自分を否定しがちだ。

そうではない。世間に揉まれ、悩みながら、少しずつ成長していく自分を素直に認めることができれば人生は変わる。

この世に生まれ落ちたばかりの幼子《おさなご》の心は純真だ。それはとても尊いものだが、われわれはその幼子の汚《けが》れなさを超え、大人の廉恥心《れんちしん》を身につけよう。

# 俗念に振り回されぬが向上の道だ

ひとかどの人物になるためには、何か特別に高尚なことを成し遂げるには及ばんよ。逆に、評判を得ようなどというヤマッ気《け》を捨てさえすれば、立派にひとかどの人物の仲間入りができるようになるものだ。

学問をするにも、何か特別に高等な知識を身につけなくてもいいんだ。身の周りのどうでもいいシガラミに心が誘惑されるのを少しずつ減らしていけば、いつの間にか俗世を超越し、自然と聖人の境地に到達できるようになっているものなのさ。

人と作《な》りて甚《なに》の高遠の事業なきも、
俗情を擺脱《はいだつ》し得《う》れば、便《すなわ》ち名流に入らん。
学を為して甚《なに》の増益の功夫《くふう》なきも、
物累《ぶつるい》を減除し得れば、便ち聖境に超えん。

（前集十四）

**【しなやかに生きるヒント】**

人間の欲望は限りがない。もっともっととさらに多くを望む。しかし、欲望に飢えている間は満足感も得られないし、幸せにもなれない。

たしかに成功を求める向上心や成長願望は大切だ。しかし、それは本当に自分の求める成功なのだろうか。誰もが羨《うらや》むような成功をおさめても、自分の心が満たされなければ意味はない。それよりも、自分のやりたいこと、やるべきことを見い出すことだ。それを実践することが自分の人生となり、誰にも真似できない自分の個性になるのだから。

# 闘志は秘めて「木鶏《もっけい》」となれ

活動的であるのは結構だが、絶え間なく雲間を走る電光や風に揺らぐ灯火のように忙《せわ》しないのは困りものだな。静寂を愛するのも結構だが、火の気の失せた灰や枯れ木のようになっては行き過ぎだ。

空に浮かぶ雲や流れを止めた水のように、外見は静寂そのものでありながら、心の裡《うち》には天高く舞い上がる鳶《とび》や、跳ね躍《おど》る魚のエネルギーを秘めている。そうあってこそ、ホンモノのすぐれ者の姿と言えるだろうよ。

動を好む者は、雲電風燈、寂《じゃく》を嗜《たしな》む者は、死灰槁木《しかいこうぼく》なり。
須《すべか》らく定雲《ていうん》止水の中に、鳶飛《とび》び魚《うお》躍るの気象あるべくして、
纔《わずか》に是れ有道の心体なり。

（前集二二）

**【しなやかに生きるヒント】**

「他の闘鶏が鳴いてもまったく相手にせず、泰然自若《たいぜんじじゃく》として動じない木彫りのような闘鶏になったときが本物の横綱」と言われて、昭和の大横綱・双葉山は自ら「未だ木鶏たりえず」と自省した。「木鶏」は中国の故事に由来する言葉で、木彫りの鶏（闘鶏）のようにまったく動じることのない最強の状態にあるということだ。

「心・技・体」を充実させることが横綱の使命。相撲の世界だけでなく、どんな組織に属していようと、闘志を裡に秘めた木鶏のようになってこそ無敵となれるのだ。

# 執着は心と行動のブレーキにしかならないぞ

有名になりたい、金持ちになりたい、偉くなりたい、と執着しているうちは、有名にも金持ちにも偉くもなれんよ。

同じように、道徳や仁義に執着しなくなって、はじめて聖人の域に到達できるものなのさ。

（前集三三）

功名富貴の心を放ち得《え》下して、便《すなわ》ち凡を脱すべし。
道徳仁義の心を放ち得下して、纔《わずか》に聖に入るべし。

【しなやかに生きるヒント】

「智に働けば角《かど》が立つ。情に棹《さお》させば流される」とは、夏目漱石の小説『草枕』の冒頭の言葉だ。その後に、「意地を通せば窮屈だ。兎角《とかく》に人の世は住みにくい」と続く。

要するに、複雑な人間関係で成り立つ世の中を生きていくためには、一つのことに執着していてはダメだということだ。金持ちになりたい、偉くなりたい、という誰しも持っている欲ばかりではなく、道徳的でありたいという思いすら、意識し、執着しているうちは本物ではない。結果は努力についてくるもの。心と行動のブレーキにしかならない執着心であれば、潔く棄ててみることも必要なことなのだ。

# 「政《せい》は正なり」なんだよなぁ

道義的に生きようと思うなら、自分が木石《ぼくせき》になったつもりで感情の起伏を抑えめにするといい。喜んだり羨《うらや》んだりと、一度心を動かしたら最期、身体ごとたちまち欲望の世界に向かって走り出してしまう。

政治家として世を救い国を治めようと思うなら、僧侶の行雲流水のごとき無心な心を持つことだな。もしも一たび地位に執着したら最期、たちまち奈落の坂道に転げ込んでしまうぞ。

徳に進み道を修むるには、個の木石的の念頭を要す。
若《も》し一《ひと》たび欣羨《きんせん》あれば、便《すなわ》ち欲境に趨かん。
世を済《すく》い邦《くに》を経《けい》するには、段《だん》の雲水的の趣味を要す。
若し一たび貪着あれば、便ち危機に堕《お》ちん。

（前集四六）

【しなやかに生きるヒント】

『論語』に、「政《まつりごと》には正という意味がある。人びとを正しい道に導くのが政治の役目。政治家が正しいことを行えば、国民も正しいことをするようになる」という一文がある。

国家でなくとも、会社や組織で何事かを為そうとするなら、まずはリーダーや上司が手本を示すことだ。それなしに人を動かすことはできない。地位に執着したり、上から目線でものを言うばかりの上司に部下はついてくるはずがない。指導者はすべからく雲水のように、欲や私心に惑わされずに行動すべきなのだ。

# 徳に根づく栄誉は永し

富や地位や名声も、人徳によって得られたものは、自然の山野に咲く花のように、放っておいても枝葉を広げて繁茂する。

一方、自らの才覚によって得られたものは、植木鉢や花壇の花のように、移し替えたり間引きしたりと手間ヒマをかけないと維持できない。

もしも権力によって得られたものならば、花瓶の花のように根がないのだから、その萎《しぼ》むのはアッと言う間だ。

富貴名誉の、道徳より来たるものは、山林中の花の如し。
自《おのず》からこれ舒徐繁衍《じょじょはんえん》す。
功業より来たるものは、盆檻《ぼんかん》中の花の如し。
便《すなわ》ち遷徙《せんし》廃興あり。
若《も》し権力を以て得るものは、瓶鉢《へいはつ》中の花の如し。
その根植えざれば、その萎《しぼ》むこと立ちて待つべし。

（前集五九）

**【しなやかに生きるヒント】**

「祇園精舎の鐘の声、諸行無常の響きあり」というように、平家の栄華も長くは続かなかった。平氏に徳が欠けていたうえに、まだ日本の社会が武家政治を受け入れる環境になかったからだ。

現代社会を見てみると、環境問題ではいかに持続的成長を維持できるかが問われている。化石燃料に依存するエネルギーには限界があることがわかっているし、原子力エネルギーにはリスクが伴う。かといって水力や風力・太陽光など自然エネルギーではまだ十分な供給力がない。果たして人類は環境と経済とエネルギーの調和を得られるのだろうか。

人の栄誉も文明の利器も、誇っていられるのはほんの一時でしかない。深く道徳的な根を下ろした成功や成果だけが永続するのだ。

# 秋霜烈日《しゅうそうれつじつ》を春風駘蕩《しゅんぷうたいとう》で包もう

教育者や研究者は、何事に対しても畏《おそ》れ慎む生真面目《きまじめ》さと同時に、サッパリとして物事にとらわれない一面を持っていることが肝心だ。

ただ厳しく締めつけて「清く正しく」や「刻苦勉励」をモットーにしていたんじゃ、万物を枯死させる秋の気配が満ちているばかりで、万物を養い育てる春の気配がないに等しい。

そんなことでは人は育てられまいよ。

学ぶ者は段《だん》の競業《きょうぎょう》的の心思あり、
また段の瀟洒《しょうしゃ》的の趣味あるを要す。
若し一味に斂束《れんそく》清苦ならば、
これ秋殺《しゅうさつ》ありて春生《しゅんせい》なきなり。
何を以てか万物を発育せん。

（前集六一）

**【しなやかに生きるヒント】**

一流の人は皆、真面目さ、謙虚さ、視野の広さ、心のゆとりを大切にしている。

教育者であれ研究者であれ、真面目に一生懸命やればある程度の成果は出せるが、自分のことだけにこだわり心にゆとりがないと、科学的な発見や発明はできないし、何より社会の財産となる人を育てることはできない。

仕事でも研究でも、周囲の声に惑わされない頑固さは必要だろう。だが、他人の成果にも心を開き、自然の摂理にも心を傾け、素直に自分の研究成果を検証できるようにならないと、結局は人としても二流、三流で終わるものだ。

# 柳に風折れなしだぞ

天が操《あやつ》る運命は、とうてい人知では測り知れるもんじゃない。押さえつけたかと思えば伸ばし、伸ばしたかと思えば押さえつける。そうやって英雄を翻弄《ほんろう》し、豪傑を七転八倒させてきたのだ。

だが、ひとかどの人物だけは、天の意図を推し測ろうとせず、逆境が来たら順境として受け入れ、平穏無事のときには危機のための心の準備をする。そのため、さすがの天も、そういう人物を押さえつけたり、翻弄したり、突《つ》っ転《ころ》がしたりはできないのだよ。

天の機緘《きかん》は測られず。
抑えて伸べ、伸べて抑う、
皆これ英雄を播弄《はろう》し、豪傑を顛倒《てんとう》するの処なり。
君子は只《た》だ是れ逆に来たれば順に受け、
安きに居りて危きを思う、
天もまたその伎倆《ぎりょう》を用うるところなし。

（前集六八）

**【しなやかに生きるヒント】**

「病気や税金や人間関係の苦労を経験しなければ大物経営者とは言えない」と言われてきた時代がある。だが今の時代は、挫折を経験したことがない成功者も大勢いる。

もちろん彼らとて、何らかの障害を乗り越え、壁を突破してきたからこそ今日があるのだが、彼らはそれを苦労とは感じていない。当たり前のこととして受け入れ、時には楽しんでさえいるのだ。「柳に風折れなし」と言うことわざがあるが、最近のＩＴ系経営者にはそうした人物が多い。しなやかな柳の木は、強い風が吹いても他の木のように折れることはない。成功したければ、苦労を苦労と思わない柔軟な思考を持つべきである。

# 温情なくして善政なしだ

気性の激しい者は、火炎のごとく遇《あ》うものすべてを焼き尽くす。

情愛の乏しい者は、氷のように冷たく、遇う者すべての生気を奪う。

物事に執着する者は、澱《よど》んだ溜まり水や腐れ木のようなもので、ものを活かす力を失っている。

そんな輩《やから》が、政治家となって手柄を立てたり、人々の福祉を増進させることなどできるわけがあるまいよ。

燥性の者は火のごとく熾《さか》んに、物に遇《あ》えば則ち焚《や》く。
寡恩《かおん》の者は氷のごとく清く、物に逢えば必ず殺《さい》す。
凝滞《ぎょうたい》固執《こしゅう》する者は、死水腐木《ふぼく》の如く、生機已《すで》に絶ゆ。
倶《とも》に功業を建て福祉を延《の》べ難し。

（前集六九）

**【しなやかに生きるヒント】**

会社勤めでいちばん辛いのは上司を選べないことだ。気の荒い人や心の冷たい人、執着心の強い人が上司になったら最悪だ。あなたの周囲には、ボス面をして何でも自分の思う通りにならないと腹を立てるタイプの上司や先輩はいないだろうか。

もしもそんな者に当たってしまったら、胡桃のように固い殻をつくって我が身を守るしかないかもしれない。しかしそんな彼らもいずれは異動するのがサラリーマン社会。それまでは、自分はああはなるまいと反面教師として見ていれば、苦にならずにすむ。

# 品のないのが本当の貧乏だ

あばら屋であっても掃除が行き届き、貧しい家の娘であってもきちんと髪《かみ》を梳《と》かしていれば、見た目はボロや地味でも、自《おの》ずと気品が生じ、風雅な趣《おもむき》がかもし出されるものだ。

そんなわけだから、ひとかどの人物たらんとする者は、生活に困窮し切羽《せっぱ》詰まった時でも、気品を忘れず、まかり間違ってもヤケクソやステバチになったりしないことだよ。

貧家も浄《きよ》く地を払い、貧女も浄く頭を梳《くしけず》れば、
景色《けいしょく》は艶麗《えんれい》ならずと雖《いえど》も、気度《きど》は自《おのず》からこれ風雅なり。
士君子、一たび窮愁《きゅうしゅう》寥落《りょうらく》に当たるも、
奈何《いかん》ぞ輒《すなわ》ち自《みず》から廃弛《はいし》せんや。

（前集八四）

**【しなやかに生きるヒント】**

タイトルに国家とか会社とか女性とかの冠をつけた「品格」の本が人気になったことがある。品格が失われた時代だからこそのブームなのだろう。

もともと品格とは、人物や物質の分類に使われた「九品」を語源とした仏教用語で、いちばん格上を上上品と言った。気品があるとか、品位があることなど上等な人間に与えられる等級だ。ところが、現代人は自らを信じる誇り高き「矜持《きょうじ》」を失ってしまった。人を羨み、妬み、中傷する世の中に品格の向上を期待するのは難しいかもしれない。だが自分だけは身を正して、たとえ貧しくとも人間としての品格を守っていきたいものだ。

# 地位だけが人ではない

無位無名であっても、積極的に道徳的な行為をし、人々に恵みを与えている者は、無冠の宰相《さいしょう》と言えるだろう。

一方、権力にアグラをかき、利権をあさる政治家や役人どもは、どれほどの高位高官だろうが、ただの卑しい給料泥棒にすぎんよ。

平民も肯《あえ》て徳を種《う》え恵を施《ほどこ》さば、便《すなわ》ち是れ無位的の公相なり。
士夫も徒《いたずら》に権を貪り寵を市らば、竟《つい》に有爵《ゆうしゃく》的の乞人《きつじん》となる。

（前集九三）

**【しなやかに生きるヒント】**

最近は「いずれは社長になりたい」という志を持つ若い人が少なくなった。その地位にふさわしい報酬があったとしても、権限と責任を秤《はかり》にかけると、責任ばかりが重すぎて間《ま》尺《しゃく》に合わないかららしい。しかし、高い地位につけば人間は成長し、地位にふさわしい考え方や振る舞いができるようになる。本来は、地位は人をつくるものなのだ。
だが、中には権限だけを振るって責任を果たさない上司や経営者もいる。地位に応じた成長をしない人間は、当然尊敬もされない。

# 売家《うりいえ》と唐様《からよう》で書く三代目

金持ちや社会的地位のある家庭に育った者は、物欲は猛火のごとくであり、権力欲は火炎のごとくだ。

もしも、そうした気性を意識的に冷まそうとしなければ、その火は周囲の者を焼き尽くすか、ご当人を焼き尽くすことになるだろう。

富貴の叢中《そうちゅう》に生長する的《もの》は、
嗜欲《しよく》は猛火の如く、権勢は烈焔《れつえん》に似たり。
若《も》し些《いささか》の清冷《せいれい》の気味を帯びざれば、
その火焔は人を焚《や》くに至らざれば、
必ず将《まさ》に自《みず》から爍《や》かんとす。

（前集一〇〇）

**【しなやかに生きるヒント】**

「売家と唐様で書く三代目」という江戸時代の川柳がある。初代が財産を残しても三代目にもなると没落して家を売りに出すが、「売家」の看板の筆跡は唐様でしゃれている、商いをおろそかにして遊芸にふける者の愚かさを皮肉った句だ。

二世や三世ばかりが出てくる日本の政界を見ていると背筋がうそ寒くなる。地盤、看板、鞄がついて回るのが世襲の政治だが、二代目、三代目の経営者が会社を潰した事例はあまたある。軟弱な跡取りや放蕩息子も出てくるし、偉い親を乗り越えたくて無理をする若社長も出てくる。また金がある一族には必ず分け前を要求する親族が出てきて財産を食い荒らしたり、お家騒動も起こる。日本の二世、三世の政治家が自らの物欲や名誉欲によって国を焼き尽くさなければ幸いだが……。

# 目立ちたがりに真の人格者はおらんよ

文章の名人の域に達するということは、奇を衒《てら》うことがなくなり、ピッタリとした表現ができるようになることだ。

人間の品格が最高の域に到達するということは、特に人と変わった点を持つのでなく、自然体で行動できるようになるということなのさ。

文章は極処《きょくしょ》に做《な》し到れば、
他の奇あることなく、只《た》だ是れ恰好《かっこう》のみ。
人品は極処に做し到れば、
他の異あることなく、只だ是れ本然のみ。

（前集一〇二）

**【しなやかに生きるヒント】**

「奇を衒う」のは、他人と違うことを言ったりやったりして目立ちたいからだ。最近のマスコミを見ていると「奇を衒う」評論家のなんと多いことか。彼らは自分の存在価値を示すために、重箱の隅を突ついて些末《さまつ》な問題を大きく見せようとする傾向がある。それがごく当たり前の世の中を複雑に見せかけている理由である。

反論のための反論は聞き飽きた。評論の仕事は人を惑わすことではない。奇を衒わず、物事の基本や世の中の常識をはっきり主張できる、教養ある評論家や文化人が出てこなければ日本の未来は暗い。

# 小さなポットはすぐ熱くなる

人が自分を騙そうとしていると気づいても、口に出してとがめ立てず、人が自分を軽く見ても、柳に風と受け流す。

そうした態度の中にこそ計り知れない味わいがあり、人生に計り知れない効用を生じさせるものなんだがなァ。

人の詐《いつわり》を覚《さと》るも、言に形《あら》わさず。
人の侮《あなどり》を受くるも、色に動かさず。
此の中に無窮の意味あり、また無窮の受用あり。

（前集一二六）

**【しなやかに生きるヒント】**

ほめ言葉にはいろいろある。「いい人」とおだてられると人はすぐその気になって、それらしい振る舞いをしたくなる。だが、そういうお世辞を真に受けて浮かれてはいけない。騙される人はたいてい「いい人」なのだから。

男性なら、ほめ言葉の中でいちばん言われてうれしいのは「勇気がある」とか「胆力がある」という言葉だろうが、今リーダーにとって真に必要な能力は、歴史観、大局観、冷静な胆力や勇気だ。すぐ熱くなる瞬間湯沸器や小さなポットのような人物に国の舵取り、会社の舵取りは任せられない。

# 万物をくまなく照らす太陽や月のごとくあろう

大勢が反対しそうだからとビビって、自分の考えを述べるのをやめてはいかんよ。

自分の意見を通すために人の発言を封じるのもいかん。

たとえわずかでも、私的な恩恵を与えようとして公的な利益を損なうようなことをするのもいかんぞ。

世論の力を借りて私怨を晴らすなどは、もってのほかだ。

群疑に因《よ》りて独見を阻《はば》むことなかれ。
己《おのれ》が意に任《まか》せて人の言を廃することなかれ。
小恵を私《わたくし》して大体を傷《やぶ》ることなかれ。
公論を借りて以て私情を快くすることなかれ。

（前集一三〇）

**【しなやかに生きるヒント】**

国家のリーダーや会社の経営者に求められる資質は「天に私覆《しふう》無く、地に私載《しさい》無く、日月は私照《ししょう》無し」の「三無私」だと言われる。

天は万物を覆い、特定の個人のみを覆っているわけではない。地は万物を載せ、一人だけを載せるようなことはしない。太陽や月は私情を持たず、万物をくまなく照らす。すべてに公平無私であれば、その徳に人びとはついて来るものだ。

また、天は正しい者のみに恩恵を施し、悪い者には決して恵みを与えることはない。正義と不正義も厳しく峻別できるようにならなければ、本物の指導者とは言えない。「日月、曲がれる穴を照らさず」という格言もある。

# 人は一代、名は末代だ

人が後天的に身につけた仕事や学問は、その身が亡べば消滅するが、培《つちか》った精神は、死後も古びず万年までも生き残るものだ。名声や富や地位は、時世が変われば評価もコロコロ変わるが、気概や節操への評価は千年たっても変わらない。

だからいいかね、心ある者は、一時的なものと永久的なものとをトッ違えないように、よくよく気をつけることだ。

事業文章は身に随って銷毀《しょうき》すれども、
精神は万古に新たなるが如し。
功名富貴は世を逐《お》うて転移すれども、
気節は千載に一日なり。
君子は信《まこと》に当《まさ》に彼《かれ》を以て此《これ》に易《か》うべからざるなり。

（前集一四七）

**【しなやかに生きるヒント】**

「人は一代、名は末代」は、歌舞伎で演じられる幡随院《ばんずいいん》長兵衛の名台詞。「武家と町家に日頃から遺恨重なる旗本の、白柄組《しらつかぐみ》に引けをとっちゃあ、この江戸中の達師の恥」と、自身と仲間の名誉を守るため、一人で水野の屋敷に向かって殺される。人は寿命が尽きれば一代で終わりだが、生前に残した業績や名声は後世まで残るという意味だ。

英語では「A great man will be remembered for his achievements」という。「虎は死して皮を留《とど》め、人は死して名を残す」という言葉もあるように、後世に名を残すような生き方をしなければならない、という教えである。

# 浮き世は衣裳七分《しちぶ》

人が高い地位に就《つ》いているときに、周囲が持ち上げるのは、その人が高い地位を示す服装をしているからだ。人が低い身分のときに、周囲が侮《あなど》るのは、粗末な服装やボロ靴を履いているせいなのさ。

つまりだ、はじめから人の人格を尊んで尊敬しているわけじゃないんだから、持ち上げられて喜ぶのはお門違いというわけだ。同様に、人格を見て侮っているわけでないんだから、軽んじられても腹を立てるには及ばない。まッ、浮世はナンセンスなことだらけさ。

我貴くして人これを奉ずるは、此の峩冠《がかん》大帯を奉ずるなり。
我賤《いや》しくして人これを侮るは、此の布衣草履《ふいそうり》を侮るなり。
然らば則ち原《もと》我を奉ずるにあらず、我胡《なん》ぞ喜びを為《な》さん。
原我を侮るにあらず、我胡ぞ怒りを為さん。

（前集一六九）

**【しなやかに生きるヒント】**

「馬子にも衣裳」ではないけれど、世間は外見や肩書に騙されやすい。荘子に「名は実《じつ》の賓《ひん》である」という言葉が出てくる。名誉は実際の徳の飾り物（賓客）であり、実質のない名誉は無意味だという故事に由来するが、まさに「浮世は衣裳七分」――内容よりも外見を重んじて騒ぎ立てることが多い。

人はほめられてうれしいのは当たり前だが、それで慢心してはダメだ。逆に外見や肩書きで態度を変えるような人物に何を言われても、気にすることなどない。

# 知性より感性を磨け

たとえ一字の文字を知らなくても、詩情を持っている者は詩人の真意を理解できる。

たとえ禅の語録を授《さず》けられなくても、禅味を持っている者は禅の教えの極意を悟れるものだよ。

一字をも識《し》らずして、而《しか》も詩意ある者は、詩家の真趣を得《う》。
一偈《げ》にも参せずして、而も禅味ある者は、禅教の玄機を悟る。

（後集四七）

**【しなやかに生きるヒント】**

「和魂洋才」という、文明開化の明治時代に生まれた四字熟語がある。日本固有の精神を失わずに、西洋からのすぐれた学問・知識を摂取し、活用すべきであるという意味だが、もともとは「和魂漢才」として平安時代から使われていた。今でも、漢語や外来語とは別にやまと言葉（さくら、のぞみ等）が使われ、日本人の感性や精神文化を示す基本となっているのはそういう歴史があるからだ。

言葉の使われ方が変わり、情報の伝達方法が変わったとしても、人間としての感情や人間の心のあり方は変わることはない。感性を大切にする詩文、芸術、宗教は、文字や数字では表せないものがあり、それが人間の骨格や智恵となっているのだ。

いつも周囲に流されてしまう心の弱さ、
手に入らない物への執着や嫉妬心など、
マイナスの感情をすべてなくすことは難しい。
そんな感情に振り回されるのではなく、
上手にコントロールすることだ。
最初から清く正しい人はいないのだから、
正しくありたいと思う心を大切に、
自分の力を信じて歩いて行こう。

# 第2章

# 人に恥じない正しい生き方

# 志《こころざし》を高く持とう！

清く正しく生きようとする者は、時として孤立するが、最終的にはハッピーな境地に到達できるものだ。一方、権力にゴマをすってすり寄る者は、一時的には成功しても最終的には孤立して終わるのがオチさ。

人生の達人というのは、精神世界を重んじ、生前の権力でなく死後に名を残すことを考えるものだよ。

だから、われわれも、時として孤立しようが清く正しく生きる道を選び、間違っても永遠の孤立を招く権力にへつらう道を選ばないようにしようではないかね。

さくら胆魂

道徳に棲守《せいしゅ》する者は、一時に寂寞《せきばく》たり。
権勢に依阿《いあ》する者は、万古《ばんこ》に凄涼《せいりょう》たり。
達人は物外の物《ぶつ》を観《み》、身後の身《しん》を思う。
寧《むし》ろ一時の寂寞を受くるも、万古の凄涼を取ることなかれ。

（前集一）

**【しなやかに生きるヒント】**

人の一生は楽しく愉快なことばかりではない。だからこそ、自分の心にも、明るい喜びが増えるように努力する人間になろう。

成功も失敗も一時的なものだ。どんな志を持って生きるかが、人生の最大の課題である。内村鑑三は言っている。「私がこの地球を愛した証拠を置いて逝《ゆ》きたい。私が同胞を愛した記念碑を置いて逝きたい。それゆえに、われわれがこの世にある間は、少しなりともこの世の中を善くしてゆきたい」（『後世への最大遺物』）と。

# 世間知らずも悪くはないぞ

社会に出て日の浅いうちは、悪習にもさほど染《そ》まっていないが、ドップリ漬《つ》かり出すと、ワル智恵も深く染《し》みこんでくるようになる。だから、ひとかどの人物になろうと思うなら、社会の裏表に通じようなどとアクセクせず、愚直のままでいる方がいいんだぞ。

バカッ丁寧や慇懃《いんぎん》無礼《ぶれい》なんかを身につけるより、野生児のままでいる方がズッとましというものだ。

世を渉《わた》ること浅ければ、点染《てんせん》もまた浅し。

事を歴《ふ》ること深ければ、機械もまた深し。

故に君子は、その練達《れんたつ》ならんよりは、朴魯《ぼくろ》なるに若《し》かず。

その曲謹《きょくきん》ならんよりは、疎狂《そきょう》なるに若《し》かず。


（前集二）

**【しなやかに生きるヒント】**


「仕事のできる人」は能力もあり、実行力も指導力もあるかもしれない。だが、世間的なチエがあるだけ、つまり要領がいいだけで、必ずしも人望・人徳があるとは言えない。

一方、「できた人」というのは、周りの人を思いやり、相手の立場に立って考えられる人のことだ。あなた自身がそういう人になれば、自然と周りの人間関係もよくなる。

世渡り上手で小さな成功や評価を得て満足するよりも、我欲を棄てて、愚直に生きることの方が人生の大事であるのだ。

# 後悔を先に立ててみよう

腹いっぱい食べた直後は、美味《うま》い・不味《まず》いなど、どうでもよく思えてくる。性欲を果たした直後は、男女の情欲などどうでもよく思えてくるだろう。

そこでだ、常に欲望を果たした直後のむなしさを念頭において、欲望の暴走を抑えるように行動するがいい。そうすれば、性根《しょうね》がすわって正しい行動がとれるようになるものだよ。

飽後《ほうご》に味を思えば、則ち濃淡の境都《きょうすべ》て消え、
色後に婬《いん》を思えば、則ち男女の見尽《けんことごと》く絶ゆ。
故に人《ひと》常に事後の悔悟を以て、臨事の痴迷《ちめい》を破らば、
則ち性《せい》定まりて動くこと正しからざるはなし。

（前集二六）

**【しなやかに生きるヒント】**

人間誰もが「あんなことを言わなきゃよかった、やらなきゃよかった」という失敗を経験している。「後悔先に立たず」だ。衝動的に言ったこと、やったことはたいてい失敗する。だったら何もしなくていいのか、そんなことはない。言ってみて、やってみなければ何事も前に進まない。

大事なのは衝動的な欲望をコントロールすることだ。多少の想像力があれば、どんな結末になるかは予想できる。宮本武蔵は「われ事において後悔せず」の言葉を残した。その心境に到達するためには、結果を予想して自分の言動をコントロールすることだ。

# 欲を広げれば幸福は遠のくものだ

富や社会的地位のある家庭は、ゆったりとして和気藹々《わきあいあい》であってよいはずなのに、逆に冷たくギスギスしているものだ。それというのも、富や地位が猜疑《さいぎ》心や疑心暗鬼を生み出して、人としての行いを貧弱にしてしまっているからだよ。それじゃ、真の幸福なんぞ得られない。

聡明な者は謙譲であるはずなのに、逆に知識をひけらかす。これはただ、もっともっと聡明になりたいという欲が、その人の欠点までをも、もっともっとと押し広げてしまっているからだ。欲張りすぎれば、躓《つまず》くのは当然なのさ。

富貴の家は、宜《よろ》しく寛厚なるべくして反《かえ》って忌刻《きこく》なり。
これ富貴にしてその行《こう》を貧賤にするなり。
如何《いかん》ぞよく享《う》けん。
聡明の人は、宜しく斂蔵《れんぞう》すべくして反って炫耀《げんよう》す。
これ聡明にしてその病《へい》を愚懵《ぐもう》にするなり。
如何ぞ敗れざらん。

（前集三一）

**【しなやかに生きるヒント】**

日本人は富や権威、学歴や肩書に弱い。おそらく日本的な貴種信仰があるからだろう。だが、封建社会ならいざ知らず、今は金持ちが常に幸せであるとは限らない。また、頭がいい者を尊敬すべきだとも言えない。財産をめぐってお家騒動が起こるのは間違いなく富者の家である。またガリベンやオタクなど知識偏重主義の人間は、その偏った知識をひけらかすから嫌われる。

知識欲といえども、欲ばりすぎて周りが見えなくなってしまえば、本当の幸福からどんどん離れてしまうものなのだ。

# 人は死して名を留《とど》む

人生いかに生きるかだが、そうさな、生まれついての純朴さを保って、聡明になろうなどとは考えん方がいいだろうな。

宇宙の正しい気を一時《いっとき》わが身に留め、死んだら宇宙に返す、そんな心づもりでいるとよい。

華やかな生活を避け、シンプルな生活をよしとし、清き名だけを後世に残すように心がけるといいだろう。

寧《むし》ろ渾噩《こんがく》を守って聡明を黜《しりぞ》け、些《いささ》かの正気を留めて天地に還《かえ》せ。寧ろ紛華《ふんか》を謝して澹泊《たんぱく》に甘んじ、個の清名《せいめい》を遺《のこ》して乾坤《けんこん》に在《あ》れ。

（前集三七）

**【しなやかに生きるヒント】**

虎は死して皮を留め、人は死して名を残す」という格言がある。

地球の歴史から見たら人間の一生は束の間である。にもかかわらず、身近な欲望にとらわれてあくせくする人が多い。金儲けも、成功も、人気も、栄誉も人類の歴史からみると砂粒にも満たない些末なこと。人間はいずれ死ななければならない存在である。

どうせ遺すなら、財よりも名、虚名よりは清名を遺したい。宇宙観を忘れないことがそういう心境に至るための近道であるのだ。

# 人の一念は岩《いわ》をも通《とお》すぞ

相手が金銭でこっちを釣ろうとしてきた時には、こっちは仁の精神で対抗すればいい。相手が地位をチラつかせてきた時には、こっちは道義で対抗すればよい。それを実践しているから、ひとかどの人物は権力者の言いなりにならずにすんでいるのだ。

人がひとたび心を定めれば天にも勝ち、意志を一方向に固めれば、それまで揺らいでいた自分の気持ちも自然とついてくるものだ。そいつを実践しているから、ひとかどの人物は、造物者からも自由に生きていられるんだよ。

彼は富もてせば我は仁、彼は爵もてせば我は義もてす。
君子は固《もと》より君相の牢籠《ろうろう》するところとならず。
人定まれば天に勝ち、志《こころざし》一なれば気を動かす。
君子もまた造物の陶鋳《とうちゅう》を受けず。

（前集四二）

**【しなやかに生きるヒント】**

自らの生きる道を定めた人ほど強いものはない。「虚仮《こけ》（愚かな人）の一念」でさえ、ものすごい力を発揮する。「一念、岩をも通す」とは、岩を虎と間違えて岩を射たところ、その矢が岩を貫いていたというのが語源だ。

そのくらいの信念を持って事に当たれば、人は何でもできるはずだ。ひとかどの人物になるためには、自らを律する心、他人に依存しない生き方を貫くべきである。

# 富者は心貧しく、知者は知に溺れる

豪勢な生活をしている者は、富んでいるくせに、いつも心に不足感を懐《いだ》いているものだ。それでは、倹約家が貧しいながらも心に余裕を持って暮らしているのには及ばんじゃないかね。

才能のある者は、才能を生かそうと骨を折り、挙げ句に自分を認めようとしない世間に怨みをつのらせたりする。それじゃ、才能のない者がはじめから世に知られようなどと考えず、身も心も健《すこ》やかに暮らしているのに遠く及ばんじゃないかね。

奢《おご》る者は富みて而《しか》も足らず、
何ぞ倹なる者の貧にして而も余りあるに如《し》かん。
能ある者は労して而も怨《うち》みを府《あつ》む、
何ぞ拙なる者の逸《いつ》にして而も真を全うするに如かん。

（前集五五）

**【しなやかに生きるヒント】**

向上心を持つことはいいことだ。しかし、現状に対する不満から出発した向上心ほど厄介なものはない。たとえば金を儲けたいと思った理由が、もっと金を貯めるためだというのでは意味がない。何か新しいことをするために、もっとお金が必要だと考えるべきだ。

会社勤めの人なら、今の地位が役不足だと嘆く前に自分が何をしたいのか考え、それを実行できる地位に就きたいと考えなければならない。そういう向上心を持てない人は欲をかいてはいけない。

# 糸は縒《よ》られてこそ強くなる

苦しみと楽しみを繰り返し、体験を重ねた末にようやく獲得した幸福であってこそ、永続する幸福となるものなのだ。

疑ったり信じたりを繰り返した末に、ようやく「これだ！」と獲得した知識だからこそ、真理たり得るのさ。

一苦一楽、相《あい》磨練し、練極《きわ》まりて福を成すものは、
その福始めて久し。
一疑一信、相参勘《さんかん》し、勘極まりて知を成すものは、
その知始めて真なり。

（前集七四）

**【しなやかに生きるヒント】**

糸が縒られて強くなるように、人間をつくるのは経験だ。

獅子は産んだ子を深い谷底に投げ落とし、這い上がってきた強い子だけを育てると言われている。ところが今の親は子供に苦労させたくないという。人として生まれた子供に自分の人生を与えず、人生に深入りさせないのは大きな間違いだ。

喧嘩をしたり、競争したり、涙を流すことを知らない人間に成長はない。痛いこと、辛いこと、寂しいことを知らない人間に人情が分かるはずはない。友情や愛情を育むのは人間同士の裸の付き合いである。だから、可愛い子には旅をさせよう。

# クソ真面目や潔癖過ぎは不幸のもとと知れ

土中に不純物があってこそ多くの植物が育つのだ。澄みきった水には魚は棲めっこない。

だから心ある者は、世俗の煩《わずら》わしさや汚《けが》れを受け入れる心の広さを持つべきなのさ。潔癖をよしとする余り、世間から孤立するような独り善がりのエセ信念を持ってはいかんよ。

地の穢《けが》れたるものは多く物を生じ、
水の清《す》めるものは常に魚なし。
故に君子は、当《まさ》に垢《こう》を含み汚《お》を納《い》るるの量を存すべく、
潔を好み独り行なうの操《そう》を持すべからず。

（前集七六）

**【しなやかに生きるヒント】**

仏教の世界には「厭離穢土欣求浄土《おんりえどごんぐじょうど》」という言葉がある。「誰もが自己の欲望のために生きているこの世は穢《けが》れきっている。この世の欲望はきっぱり捨て去って永遠に平和な浄土を願い求めなさい」という意味だが、別に死を賛美する言葉ではない。むしろ穢土だからこそ生きる楽しみがあるのであり、生きている間、生かされている間は、どんなことでもやってみなさいという前向きの言葉でもある。

温室で育てられた純粋培養の現代人には分からないかもしれないが、人間同士が競争し、戦って死んでいった時代には、こういう宗教観や死生観が一般的だったのだ。

# 樹木も人も「根っこ」が大切

　ご先祖様がわれわれに残してくれた恩恵は何かといえば、現在われわれが享受している恩恵のすべてがそれなのだ。それらは、ご先祖様が代々善行を積んできてくれたおかげでもたらされているものであり、われわれはその有り難さに感謝すべきだ。

　では、われわれが子孫に残せる恩恵は何かといえば、われわれが日々善行を積むことによって残すものがそれだ。われわれは、善行を代々積んでいくことがいかに難事業であるかを肝に銘じて、転覆しないように日々心して善行に励まねばならなんのだよ。

祖宗の徳沢《とくたく》を問わば、吾が身の享《う》くるところのもの是れなり。
当《まさ》に其の積累《せきるい》の難きを念《おも》うべし。
子孫の福祉を問わば、吾が身の貽《のこ》すところのもの是れなり。
其の傾覆《けいふく》の易《やす》きを思うを要す。

（前集九四）

**【しなやかに生きるヒント】**

若い頃は誰もが自由にあこがれ、根無し草のようにあちらこちらを漂ってみたいと思うものだ。しかし根無し草はたとえであって、「根っこ」のない木はないし、同じように親のいない子もいない。

故郷を離れても根っこを引きずっているのが人間だ。そしていつかは自分も未来の根っこになっていく。そういう循環的な思想が東洋人の心をつくっている。今の年金問題を解決できるのは根っこの大切さ、ありがたさをわかっている人だけだろう。

# 安楽は、汝をダメにする

逆境にあるということは、漢方医学の鍼《はり》を全身に刺され、苦い薬を飲まされ、石針で突つかれて治療をされているようなものだ。

実は、苦痛が信念や行いを研《と》ぎ磨《みが》いてくれているのだが、当人はそうとは気づかない。

一方、順境にいるということは、目の前にあるすべてが刀剣や矛《ほこ》のたぐいで、それらが肉を削ぎ骨を削っているのだが、当人はそうとは気づかずにいるんだよなァ。

逆境の中に居《お》らば、周身、皆鍼砭《しんぺん》薬石にして、
節を砥《と》ぎ行《こう》を礪《みが》きて、而《しか》も覚《さと》らず。
順境の内《うち》に処《お》らば、満前、尽《ことごと》く兵刃戈矛《へいじんかぼう》にして、
膏《あぶら》を銷《とか》し骨を靡《び》して、而も知らず。

（前集九九）

**【しなやかに生きるヒント】**

「苦労は買ってでもせよ」と言われるのは、その体験が自分の肉体や心の磨き粉になるからだ。その昔、出雲（島根県東部）には「我に七難八苦を与えたまえ」と月に祈った武将もいた。人間誰しも楽をしたいものだ。しかし、鍛練を怠った身体はぶくぶく太って成人病を招く。一方、鍛練した身体は引き締まって無駄がない。心も同様である。
「艱難汝《かんなんなんじ》を玉にする」（苦労や困難が立派な人をつくる）とはこのことだ。

# 虚名を恥じよう

信念を曲げてまで人を喜ばせるくらいなら、信念を押し通して人に嫌われている方がまだマシだろう。

善いことをしていないのに人に褒められる居心地の悪さよりは、悪いことをしていないのに非難されている方がずっとマシだろうよ。

意を曲《ま》げて人をして喜ばしむるは、
躬《み》を直くして人をして忌ましむるに若《し》かず。
善なくして人の誉《ほまれ》を致すは、
悪なくして人の毀《そしり》を致すに若かず。

（前集一一二）

**【しなやかに生きるヒント】**

「深くこの生を愛すべし。省みて己を知るべし。学芸をもって性を養うべし。日々新面目あるべし」と言った会津八一は、新潟出身の歌人・文学者・教育者である。八一の言葉は、与えられた命と人生を大切にすること、ありのままの自分を見つめること、学問や芸術で人格を養い育てること、日々新たな成長をすることが人間にとって大切だということだ。人間の素養や教養というのは、まさに彼の言に尽きる。

昨今の文化人、有識者は一時的に名前を売っているだけで、古典として残したくなるような名言はおよそ聞いたことがない。これを虚名といわずして何と言おうか。本当の教養を身につけていないエセ文化人の言葉に惑わされてはいけない。

# 絶頂時には淡々と、逆境にはゆったりと構えよう

小さな事でも侮《あなど》って手抜かりをせず、人目がないからといってゴマカしをせず、失意の時にもヤケのヤンパチにならない。

そうした者こそが真の英雄の名にあたいする者なんだぞ。

小処《しょうしょ》に滲漏《しんろう》せず、暗中に欺隠《ぎいん》せず、末路《まつろ》に怠荒せず。
纔《わず》かに是れ個の真正の英雄なり。

（前集一一四）

**【しなやかに生きるヒント】**

ホテル・オークラの隣にある「大倉集古館」には、勝海舟の書と伝わる「六然訓《りくぜんくん》」という掛軸がある。そこには、自処超然《じしょちょうぜん》、処人靄然《しょじんあいぜん》、有事斬然《ゆうじざんぜん》、無事澄然《ぶじちょうぜん》、得意憺然《とくいたんぜん》、失意《しつい》泰然《たいぜん》と、明《みん》の崔後渠《さいこうきょ》の言葉が書かれている。

世俗の物事にとらわれないようにすること、人に接しては相手を楽しませ心地よくさせること、何か事があるときはグズグズしないでキビキビとやること、何も事がない時は水のように澄んだ気持ちでいること、得意な時ほど静かで安らかな気持ちでいること、失意の時にも泰然自若としていること、という意味である。

現在でもわが国では、これを座右の銘にしている経営者が多い。

# 己の長を誇らず、人の短を誹《そし》らない

頭から人の言葉をウノミにして、悪賢《わるがしこ》い奴に騙されないように気をつけよう。自信過剰になって悪乗りしないようにも気をつけよう。

自分が出来るところを見せつけて、相手が出来ないことをあからさまに暴《あば》き立てるようなことをするなよ。自分が出来ないからといって、相手の能力を妬んだりケチをつけたりするのはもってのほかだぞ。

偏信《へんしん》して奸《かん》の欺くところと為《な》ることなかれ、
自任して気の使うところと為ることなかれ。
己《おのれ》の長を以て人の短を形《あらわ》すことなかれ、
己の拙に因《よ》りて人の能を忌むことなかれ。

（前集一二〇）

**【しなやかに生きるヒント】**

世の中には、できなくてもやらなければならないことがある。できてもやってはいけないことがある。この判断基準こそ、人の価値を決めるものだ。

自分の強みを発揮することも大切だが、自分の得意な事を自慢したりせず、他人の不得意をバカにしたりもせず、やるべき時にやるべき事をできるような人になりたいものだ。

もしも相手の方が一枚上手だと思う時は、素直にその人の得意な分野で活躍してもらうことだ。妬み心は封印しよう。

# 熟慮断行を心がけよう

物事を審議するときには、自分をできるだけ渦中から引き離し、利害得失を冷静に判断できるようにするといい。

だが、イザ実行となったなら、わが身を渦中に置いて、利害得失など忘れ去って邁《まい》進《しん》するがいい。

事を議する者は、身、事の外に在りて、
宜《よろ》しく利害の情を悉《つく》すべし。
事に任ずる者は、身、事の中に居りて、
当《まさ》に利害の慮《おもんぱかり》を忘るべし。

（前集一七三）

**【しなやかに生きるヒント】**

今は誰もが歴史の激動期を生き、その荒波の中を漂っている。だが、昔の価値観と今の価値観、自分の価値観と世間の価値観、そして日本の価値観と世界の価値観に整合性をもたせようと努力をしてみても、時代という荒波はそれを許してくれない。自力で泳ぎ抜こうとすればあえなく溺死しかねない。

だが人間として生まれたからには、こういう時こそ熟慮断行・不撓《ふとう》不屈の精神で新しい価値観を築きあげる覚悟が肝心である。

# 甘言《かんげん》は宿阿《しゅくあ》となって骨身《ほねみ》を侵《おか》す

中傷や悪口を言う者の害は、わずかな雲が太陽をおおい隠すようなものので、しばらくすれば自《おの》ずと雲が散じて真実が明らかになる。ところが、オベッカづかいやゴマスリ人間の害ときたら、すきま風が肌から侵入して肉体を冒《おか》すのに似て、大ごとになるまでその害に気づけないものなのだよなァ。

讒《ざん》夫《ぷ》毀《き》士《し》は、寸雲の日を蔽《おお》うが如く、
久しからずして自《おのず》から明らかなり。
媚《び》子《し》阿《あ》人《じん》は、隙《げき》風《ふう》の肌《はだ》を侵すに似て、
其の損を覚えず。

（前集一九二）

**【しなやかに生きるヒント】**

耳に甘い言葉「甘言」と、耳に痛い言葉「諫言《かんげん》」の意味は正反対だが、音読みすると同じになるというのも不思議なものだ。耳障りな言葉といえば悪口雑言、罵倒や中傷だが、自分さえしっかりしていれば、時の経過とともに真実は明らかになり、信用は回復できるからさほど心配することはない。

いちばん怖いのは称賛やお世辞など耳当たりのいい言葉だ。うれしいことを言ってくれると思っているうちはいいが、何度も耳にしていると自分がその気になって慢心したり、偉ぶったりするようになるから気をつけよう。

# 愚者は寸暇を惜しんで寸地を争う

人の一生は、火打ち石が光る一瞬の間でしかない。そんな中でわずかな優劣を競ったところで、どれほどの時間、人の優位に立てるというのだ。

カタツムリの角《つの》の先《さき》っぽのような狭い世界に住みながら、勝敗を決しようと争ったところで、どれほどの広さの世界を支配できるというのだ。

石火光中に、長を争い短を競う、幾何《いくばく》の光陰ぞ。
蝸牛《かぎゅう》角上に、雌《し》を較《くら》べ雄《ゆう》を論ず、許大《きょだい》の世界ぞ。

（後集一三）

**【しなやかに生きるヒント】**

鎌倉円覚寺の開祖、無学祖元禅師は元《げん》に滅ぼされた南宋の出身。中国で元の兵士に取り囲まれても動ずることなく端座し続け次のように言った。「この広大無辺の大地は、ただ一本の杖を立てる余地もないほど無の世界である。どこかに行けと言われても、どこへ行くこともできない。だが私は一切皆空《いっさいかいくう》の理《ことわり》を体得して執着するものは何一つない無一物の心境だ。私を斬るのはかまわないが、その太刀も空、私も空、空で空を斬るということは、あたかも稲妻がピカリと閃く間に春風を斬る（電光影裏春風を斬る）かのようで、さぞかし手応えの無いことだろう。死ぬもよし、生きるもよし、どうぞご自由にこの老いぼれ坊主の首を刎《は》ねなさい」と。さしもの元兵も、禅師の挙動に溢れる裂帛《れっぱく》の気合に気押され、振り上げた大刀を収めてそそくさと退散したという。

# ファーストライフより スローライフを

名声を求め誇る生き方は、名声を避けて心静かに暮らすのどかな生き方には及ばない。

仕事を次から次にテキパキこなす仕事達人といえども、余計な仕事を減らしてゆったりと暮らすゆとり人間には及ばんだろうよ。

名に矜《ほこ》るは、名を逃るるの趣《おもむき》あるに若《し》かず。
事を練《ね》るは、何ぞ事を省くの間《かん》なるに如《し》かん。

（後集三一）

**【しなやかに生きるヒント】**

ドストエフスキーは「金こそは、取るに足らぬ連中を第一級の地位に導いてくれる唯一の道である」と言っている。たしかに金は名声をもたらす。だがそれを唯一の人生目標にするのは虚しい。なぜなら人生の選択肢は一つではなく、他にもいろいろな選択肢があるからだ。田園生活を選べば、都会生活では味わえない自然やゆとりのある時間が喜びや感動を与えてくれる。

人間は本来的に動物である。自然と一体になって生きることで体内のリズムや脳のリズムをつくってきた。少なくとも月に一度は自然の豊かな山や海、そして田園で静かに過ごしたいものだ。都会のファーストライフから逃れてスローライフを楽しむゆとりの時間を持たなければ、人間らしい感性や感情はすり減ってしまうだろう。

# 仙人と俗人の差は紙一重だ

俗世間を超越する方法は、世間をわたる生き方の中にあるのだから、無理に人との交際を絶って山野に隠れる必要などないはずだ。

悟りの効用は、悟ろうと心を尽くす過程にあるのだから、無理に欲を絶って心を灰のように不活発な状態にする必要などないわけだ。

出世の道は、即ち世を渉《わた》るの中に在り、
必ずしも人を絶ちて以て世を逃れず。
了心の功は、即ち心を尽くすの内に在り、
必ずしも欲を絶ちて以て心を灰にせず。

（後集四一）

【しなやかに生きるヒント】

経済至上主義、物質主義の俗っぽい世間から離れ、人里離れた山中で、霞を食う仙人のような生き方をしてみたいと思ったことのある人は少なくないだろう。だが、仙人と俗人の違いは、「人偏に山」か「人偏に谷」かのちょっとした違いでしかない。どちらにも人偏がついているように、人の世界で生きることに変わりはないのだ。

人は人の中でしか生きられない社会的動物である。隠遁《いんとん》生活にあこがれるのはよいが、脱俗も生活の否定ではなく、無心も心の否定であってはならない。坊さんの世界にも俗人は多いし、俗人の世界にもまれには非俗の仙人らしき人がいるものだ。

# 争いを冷《さ》ますには、まず心を冷ますに限る

権力者と、権力者を倒そうとする英雄豪傑どもが大義名分を掲げて竜虎の戦いを繰り広げているのも、冷静な目で見れば、アリが羊の生肉に群がり、ハエがその生き血にたかるアサマシさと何ら変わらない。

どっちが正しいかをめぐっての蜂の巣を突ついたような口論や、利害得失をめぐってのハリネズミが一斉に針を立てるような争いも、冷静な心で臨めば、すべては鋳型《いがた》に流れ込む金属のように、あるいは湯が雪を融《と》かすように、たちまち解決できるタワイないものばかりなのだ。

権貴竜驤《りょうじょう》し、英雄虎戦《こせん》す。
冷眼を以てこれを視れば、
蟻《あり》の羶《せん》に聚《あつ》まるが如く、蠅《はえ》の血に競うが如し。
是非蜂起《ほうき》し、得失蝟興《いこう》す。
冷情を以てこれに当たれば、
冶《や》の金を化するが如く、湯の雪を消すが如し。

（後集七三）

**【しなやかに生きるヒント】**

「蝸牛角上《かぎゅうかくじょう》の争い」とか「コップの中の嵐」と言われるように、皆が大問題だと思って争っていることでも、傍から見ると実は些末な問題を些末な理由で争っているに過ぎないことが多い。

もし自分が争いの当事者だったら、少し離れて冷静に考えてみることだ。冷却期間も必要だろう。人生とは妥協の連続である。妥協しなければ生きてはいけないことばかりかもしれない。だが、妥協とは決して敗北ではないのだ。

# 雌伏《しふく》の時が至福をもたらす

永く伏して羽を休めて満を持して飛び上がった鳥は、天空高くまで舞い上がれる。一方、真っ先に開いた花は、散るのも真っ先だ。

この道理が分かれば、力が不十分なのに慌てて事を始めて中途で挫折する災難をまぬがれ、成功をあせる気持ちを消すこともできるよ。

伏すこと久しきものは、飛ぶこと必ず高く、
開くこと先なるものは、謝すること独り早し。
此れを知らば、以て蹭蹬《そうとう》の憂いを免るべく、
以て躁急《そうきゅう》の念を消すべし。

（後集七七）

**【しなやかに生きるヒント】**

「急いてはことをし損じる」とか「急がば回れ」、またラテン語の「ゆっくり急げ（フェスティーナ・レンテ）」といったことわざは有名だが、人生訓としては『論語』の「行くに小径に由《よ》らず」の方が言葉の響きがいい。

大目標を立てたら裏道や小道を通らず、常に大道《だいどう》を正々堂々と歩む生き方のことであり、小事にとらわれない心のありようがイメージできる。将来の活躍を期して不遇に耐えて雌伏し、時期が来たら雄飛して実力を発揮する。それこそが至福の時だ。

# 形よりも本質を見よう

自然界のさまざまな物や、人間界のさまざまな感情や、世間のさまざまな出来事も、通常の眼《まなこ》で外形に注目して眺めると、どれ一つとして同じものはなく、テンデンバラバラなものに見えてくる。

しかしだ、巨視的な眼をもって、存在それ自体に注目して眺めると、それぞれが存在物という一点では何ら変わらぬものであることが分かるはずだ。

となれば、外見で差別をつけたり、取捨選択して上下関係をつけるなど何ともアサハカなことだとも分かるだろうよ。

天地中の万物、人倫中の万情、世界中の万事は、
俗眼《ぞくがん》を以て観《み》れば、紛々各々《おのおの》異なるも、
道眼を以て観れば、種々是れ常なり。
何ぞ分別《ふんべつ》を煩わさん、何ぞ取捨を用いん。

（後集八七）

**【しなやかに生きるヒント】**

「ほとけは常にいませども　うつつならぬぞあはれなる　人のおとせぬあかつきに　夢にほのかに見えたまう」という『梁塵秘抄《りょうじんひしょう》』の歌の中に、日本人の「山川草木悉有仏性《さんせんそうもくしつゆうぶっしょう》」の心が見て取れる。山川草木いたるところに仏性を感じる文化風土が、自然を愛し、環境を守り、生物の多様性を受け入れる素地となっている。この心はいつまでも大切にしたいものだ。

# 渦中にある時ほど客観的に眺めよう

天に達するほどの大波にもてあそばれていても、舟中の人は意外にケロリとしており、逆に舟を外から眺めている者の方が、ド肝を冷やしたりする。

飲み会などで酔客が猛《たけ》り狂っていても、仲間の者は気にもかけず注意もしないが、かえって他の席の客がハラハラし固唾《かたず》を飲んで見守っていたりする。

ことほど左様に、渦中にいると危険も狂態も見えなくなるものなのだ。

そんなわけだから、心ある者は事態を客観的に把握できるように、身は渦中にあっても、心は常に渦外に置くように心がけるべきである。

波浪の天を兼ぬるや、舟中、懼《おそ》るるを知らずして、
舟外の者、心を寒くす。
猖狂《しょうきょう》の座を罵《ののし》るや、席上、警《いまし》むるを知らずして、
席外の者、舌を咋《か》む。
故に君子は、身は事中に在りと雖も、
心は事外に超えんことを要するなり。

（後集一三一）

**【しなやかに生きるヒント】**

大変化というのは、猛烈なエネルギーを秘めた黒潮のような大潮流となって押し寄せる。しかも水面下で流れているため、海面を眺めているだけではどっちに向かうのか、何がどう変わるのかもわからない。また大潮流は日々刻々変化しているから、目先の小さな変化を見て判断すると間違いやすい。

「着眼大局、着手小局」という言葉がある。着眼は大局的な視点で、はじめる時は目の前の小さな事から、という意味だ。これこそ、大変化の時代を迎えた二十一世紀の成功法則であるだろう。

# 人生には引き算が似合う

人生は、ほんのちょっとの引き算を心がければ、その分だけプラス人生に変わるものだよ。友人との交際をちょっぴり減らせば、その分だけイサカイやイザコザを避けられるだろう。発言をちょっぴり減らせば、その分だけ咎《とが》め立てられずにすむようになる。思案をちょっぴり減らせば、その分だけ精神を消耗させずにすむ。理性や知性をちょっぴり減らせば、その分だけ人間の本能的パワーを発揮できるようになる。

にもかかわらず多くの人は、引き算をしようとせずに日々わずかでも足し算をしようとアクセク暮らして、挙げ句に自分の手足を縛り、人生を身動きできないものにしちまっているのさ。

人生は一分《いちぶ》を減省《げんせい》せば、便《すなわ》ち一分を超脱す。
如《も》し交遊減ずれば便ち紛擾《ふんじょう》を免れ、言語減ずれば便ち愆尤寡《えんゆうすく》なく、
思慮減ずれば則ち精神耗《こう》せず、聡明《そうめい》減ずれば則ち混沌完《こんとんまっと》うすべし。
彼《か》の日に減ずるを求めずして日に増すを求むる者は、
真に此の生を桎梏《しっこく》するかな。

（後集一三二）

【しなやかに生きるヒント】

「愛するとは少し死ぬこと、愛する者のためゆえに少し死ぬこと」（フランス歌謡／堀口大學訳）と、西洋では愛を基準にして人生の価値観を規定してきた。

一方、東洋では「天道」によって自然の摂理や世の中の道理をとらえ、人生の指針としてきた。儒教の教典の一つ『易経』にある、「天の道は、満ちてあり余るものを減らし、不足しているものに増し加えることにある（天道は盈《えい》を虧《か》きて謙に益《ま》す）」は古今東西の真理である。

そう考えると、人生は引き算が正解なのかもしれない。

# 第3章

# 日々の生き方、心の持ちよう

見えない未来、挫折ばかりの今に、
心が折れそうになっているあなたへ。
夢はあるが道は険しくそして遠く、
一人で辿り着ける自信もないキミへ。
そんな時こそ『菜根譚』の基本精神である
無理をしない生き方を考えてほしい。
逆境の今は自分磨きのチャンスと思い、
アクセクせずにゆったり生きて行こう。

# 笑う門には福来るだぞ

台風や嵐の時には小鳥までも怯《おび》えているが、明《めい》朗《ろう》爽《そう》快《かい》な空の下では草木さえ喜び笑っているじゃないか。それを見れば、天地に一日たりとも和《おだ》やかな気がなければ万物が立ち行かないことは明らかだ。

人間だって同じことだぞ。たったの一日でも喜び楽しむ気持ちを失ったなら、人生は立ち行かなくなるものなのだ。

疾風怒雨には、禽鳥《きんちょう》も戚々《せきせき》たり。
霽日《せいじつ》光風には、草木も欣々《きんきん》たり。
見るべし、天地は一日も和気なかるべからず、
人心は一日も喜神《きしん》なかるべからず。

（前集六）

**【しなやかに生きるヒント】**

毎日が楽しく愉快な人生なんてあり得ない。辛いこと、嫌なこと、つまらないことの繰り返しが人生というものだ。だが、自分の心の持ち方ひとつで人生は変わる。
日常の当たり前のことに喜び、楽しむ気持ちを思い出してみよう。小さなことでも自分の中に喜びを発見できれば、あなたが家族や友人を見る目、仕事や会社を見る目も変わり、生きること、働くことが楽しくなる。そんなあなたを見た人も「前向きになったね」と評価してくれるだろう。
毎日新しい自分を発見できる人は必ず幸せになれるものなのだ。

# 備えあれば憂いなし

天地は何もせずに、ただドスンと腰をすえているだけに見えるだろうが、裏では測り知れない仕事をしている。太陽や月はセッカチに動き回っているように見えるが、運行の規則を踏み外すことはない。天地は静中に動を、太陽や月は動中に静を潜《ひそ》ませているからだ。

だから、ひとかどの人物になろうと願うなら、ノンキな時こそ火急の場合の備えを忘れず、忙しい時にこそゆとりを忘れず、静・動のバランスをしっかり身につけて生きることが肝心なのだ。

天地は寂然《せきぜん》として動かずして、
而《しか》も気機は息《や》むことなく停《とど》まること少《まれ》なり。
日月《じつげつ》は昼夜に奔馳《ほんち》して、而も貞明《ていめい》は万古に易《かわ》らず。
故に君子は、閒時《かんじ》には喫緊《きっきん》的の心思あるを要し、
忙処《ぼうしょ》には悠閒《ゆうかん》的の趣味あるを要す。

（前集八）

**【しなやかに生きるヒント】**

どんなに防災・減災の備えをしていても、想定外の事態は必ず起こる。想定外の出来事が起きた時のために、常に二割のゆとりをもって生きていくとよい。

この「想定外の二割」に対する心構えを忘れなければ、残りの八割の力を尽くして物事に取り組み、必ず成功させることができる。「治にいて乱を忘れず」（平和な時も戦いの準備は怠らない）と同様、処世の基本原則である。

# 成功の秘訣は、成功するまでやることだ

恩愛はリスクと背中合わせだ。「可愛さ余って憎さ百倍」という言葉があるように、目をかけられている時にこそ、頭とチエを働かせて慎重に行動すべきなんだぞ。

同じように、失敗と成功は紙一重だ。だから、失敗したからといってクサったりメゲたりしていてはイカンのだ。

恩裡《おんり》に由来《ゆらい》害を生ず。
故に快意の時、須《すべか》らく早く頭《こうべ》を回《めぐ》らすべし。
敗後に或《あるい》は反って功を成す。
故に払心《ふっしん》の処、便《すなわ》ち手を放つこと莫《なか》れ。

（前集一〇）

【しなやかに生きるヒント】

「失敗は成功のもと」と言われている。だができることなら失敗はおかさない方がいい。小さな成功の積み重ねで人は成長する。ただし、その間に失敗をおかす危険は必ず潜んでいる。それが失敗と成功は紙一重だと言われるゆえんである。

大きな成功を求めるならば、小さな成功に慢心せず、失敗したからと諦めず、自分の目標を達成するまで前向きに生きることだ。

# 児孫の為に美田を買わず

世間を渡るための心がけは、まずは心を広く保ち、人々に不公平感を懐《いだ》かせないようにすることだろう。

死後の心がけは、残せるような財産があるなら、できるだけ長く伝わるようにし、子孫に不足感を与えないようにすることだろうな。

面前の田地は、放ち得て寛《ひろ》くして、
人をして不平の嘆なからしむるを要す。
身後の恵沢は、流し得て長くして、
人をして不匱《ふき》の思《おもい》あらしむるを要す。

（前集一一）

**【しなやかに生きるヒント】**

西郷隆盛は「子や孫のために立派な田畑を買ってはならない」と、財産を遺すような生き方を自ら戒めていた。近年、親が亡くなって遺産を相続する子供たちがその取り分を争うことが多くなったため、相続は「争続」と呼ばれることがある。

親が居なくなれば究極の兄弟喧嘩が起きる。美田を遺産として遺しても、醜い争いごとを生むだけならば、アルフレッド・ノーベルがノーベル賞を残したように、世の中に役立つようにしたほうがよほどいい。

# 腹八分目はココロにもいいよ

狭い道では自分が一歩よけて相手が歩きやすいようにする。

美《お》味《い》しい食べ物は自分の取り分を三分ほど減らして相手に食べさせるようにする。

そうしたチョコッとした譲歩こそが、平穏無事に世の中を渡っていくための極めて簡単に身につけられるコツなんだよなァ。

径路の窄《せま》き処は、一歩を留めて人の行くに与え、
滋味の濃《こま》やかなる的《もの》は、三分《ぶ》を減じて人の嗜《たしな》むに譲る。
これは是れ世を渉《わた》る一の極安楽の法なり。

（前集一三）

**【しなやかに生きるヒント】**

「足《た》るを知る」という言葉がある。自分が今持っているものを大切にし、与えられたものに感謝できるようになれば、生活態度にも心構えにもゆとりが出てくる。
そのゆとりこそ、他人に対して優しくなれる基本である。誰からも信頼される人間になるためには、我欲を抑えて他人に譲る気持ち、他人を思いやる心を持つことだ。

# 〃一字〃が万事だ

世の中をアッと言わせるような大手柄も、それを矜《ほこ》れば帳消しになってしまうだろうよ。つまりだ、大手柄も「矜《きょう》」の一字に負けちまうのさ。

どんなに凶悪な犯罪でも、心から悔いれば罪過は消滅する。つまり、どんな悪事も「悔」の一字には適《かな》わないものなのさ。

世を蓋《おお》うの功労も、一個の矜《きょう》の字に当たり得ず。
天に弥《わた》るの罪過も、一個の悔《かい》の字に当たり得ず。

（前集一八）

【しなやかに生きるヒント】

中国のことわざに「一字の師」という言葉がある。むかし、早く咲いた梅の花を詩にした坊さんが、「昨夜数枝開く」と詠んだところ、居合わせた一人が「数枝では早咲きの梅の感じがしない、一枝にすべきだ」と言った。坊さんはその場で庭に降りて詩文の師匠として拝したという。

詩や文章は、一字でもぴったりする文字を使わなければ神韻を伝えることはできない。同様に、成功したときも失敗したときも、たった一言や表現の仕方で評価がひっくり返ってしまうことがある。言葉は大事だ。おろそかにしてはいけない。

# 無事これ名馬

人生は、なにか特別な功績をあげなければならんもんじゃないさ。大過なくすごせれば、それが立派に功績なのだ。

人から感謝されるような徳を身につけるにも及ばんよ。人から恨まれないように生活できたなら、それが立派に徳になるのだ。

世に処しては必ずしも功を邀《もと》めざれ、
過《あやま》ちなきは便《すなわ》ち是れ功なり。
人と与《とも》にしては徳に感ずることを求めざれ、
怨みなきは便ち是れ徳なり。

（前集二八）

**【しなやかに生きるヒント】**

成功者はおしなべて謙虚だ。成功の秘訣を聞かれて「運が九分」と答えた経営者もいる。人間の尊厳は功績にあるのではない。成功は結果であり、努力する過程にこそ人生の意味があるのだ。それなのに、他人を押し退けても自分をひけらかしたい者、他人の困惑に気づこうとしない者は多い。一方で、自らの生活を守りながら、それでも自分のやりたいことをめざす人、他人の迷惑にならないような生き方をする人もいる。

あなたはどちらの人生を選ぶのか。「世はすべて事もなし」、何事もなく平穏無事に生きるという、普通の人としての一生を貫ける人が人生の達人である。

# 要はバランスなんだよなァ

刻苦勉励は美徳ではあるが、余りに自分に厳しくし過ぎると、人間性や感情を損《そこ》ないかねない。

あっさりして執着心がないのは高潔ではあるが、余りに枯れ過ぎると、人を救ったり、仕事を通して世の中に役立つという肝心の人生の目的をし損なってしまう。

憂勤は是れ美徳なり、
太《はなは》だ苦しめば則ち以て性に適《かな》ひ情を怡《よろこ》ばしむることなし。
澹泊《たんぱく》は是れ高風なり、
太だ枯るれば則ち以て人を済《すく》い物を利することなし。

（前集二九）

【しなやかに生きるヒント】

理想をめざすあまり、自分の身体や能力の限界を考えず、無理なことをやる人が少なくない。そんな無理をするよりも、常に自分の実力を測りながら目の前の課題に取り組むほうが、間違いなく効率的でいい結果が残せるはずだ。

俗塵《ぞくじん》を避けて山に隠遁した仙人の言葉に嘘いつわりはないが、俗人が多い人間社会では通用しない。人は人の中にいてこそ人である。昔から「清流に魚棲まず」というではないか。刻苦勉励もいいが、時には友人と飲んだり遊んだりすることが大切だ。己に厳しすぎる人は、他人にも厳しく当たることが多いから、いつか人間関係はぎくしゃくする。

また評論家の言辞はかっこいいが、理想を求めすぎていて実行できないことが多い。

# 始めの一歩は末の千歩だ

欲望に関して言えば、自分の食指を、なあにここだけのことだからと簡単に動かしてはならんぞ。いったん欲望を解放しようものなら、たちまち底なしのドロ沼に落ち込んでしまうものだ。

道徳に関して言えば、実行が難しそうだからと一歩たりとも尻込みしてはならんぞ。一歩尻込みをしようものなら、たちまち千もの山を隔てたように二度と再び正しい行為に追いつけなくなってしまうのだから。

欲路上のことは、その便《べん》を楽しみて姑《しばら》くも染指《せんし》を為すことなかれ。
一《ひと》たび染指せば、便《すなわ》ち深く万仞《ばんじん》に入らん。
理路上のことは、その難を憚《はばか》りて稍《やや》も退歩を為すことなかれ。
一たび退歩せば、便ち遠く千山を隔てん。

（前集四〇）

【しなやかに生きるヒント】

人間の心は弱く、脆《もろ》いものだ。一瞬の気のゆるみが命取りになる。なかでも怖いのは甘い誘惑だ。ちょっとだけなら大丈夫と思って手を出すと深みにはまる。賭け事や色欲には、人間の理性を狂わせる何かがある。ふだんは謹厳実直な人ほど危ない。ちょっとした悪の誘いに負けて「蟻地獄」に踏み込んだら最後、脱出は難しいと覚えておくことだ。また、人間色気を失ってはいけないが、実際に一歩を踏み出す前に最悪の事態も想像しておくことだ。

# 怨みより恩を思え

人のためにした骨折りは、すぐに忘れるようにするがいい。一方、自分が犯した過失は忘れてはダメだ。人から受けた恩も忘れてはいかんよ。人に対する怨みは、すぐに忘れることだな。

我、人に功あらば念《おも》うべからず、
而《しか》して過《あやまち》は則ち念わざるべからず。
人、我に恩あらば忘るべからず、
而して怨《うらみ》は則ち忘れざるべからず。

（前集五一）

【しなやかに生きるヒント】

「情けは人のためならず」という言葉の意味をはき違え、「情けをかけることは、結局はその人のためにならない。情けをかけてはいけない」と思い込んでいる人が多い。しかし本当は「誰にでも親切にしなさい、他人に情けをかけることは、いずれ巡り巡って自分に返ってくるものだから」という意味で使う言葉である。

他人に情けをかけた時に恩返しを期待せず、自分が恩を受けたなら必ず恩返しをできるような人間になりたいものだ。辛い仕打ちをされたら、すぐ忘れるのがベストだ。

# 歓楽きわまれば哀情多しだ

苦労や苦心をしている最中にこそ悦《よろこ》びがあるものなのだ。物事を成就して「やった！」と思った途端に、もう目標を失った哀しみが生じて来る。

苦心の中《うち》に、常に心を悦ばしむるの趣《おもむき》を得《う》。
得意の時に、便《すなわ》ち失意の悲しみを生ず。

（前集五八）

**【しなやかに生きるヒント】**

「燃え尽き症候群」という言葉がある。自分が目標としていたことを達成した時、心は緊張から解かれて弛緩《しかん》する。張りつめていた神経が、役割を果たした充足感でプツッと切れるのである。

蠟燭《ろうそく》は燃え尽きる前がいちばん明るいと言われている。「歓楽きわまって哀情多し」とはそういう意味で、楽しい宴会の終わったあとの虚しさ、遊びほうけたあとの哀しさ、恋人とデートして別れた時の寂しさにも通じる。だからといって、目標達成の努力をしない人、遊びにも一生懸命になれない人は、人間的魅力に欠けるアンポンタンでもある。

# いつも心に太陽を！

同じ天地でも、気候が暖かな時には万物が生育し、寒冷な時には枯れ果ててしまう。同様に、心を冷たくしている者は、せっかく天から与えられた幸福を薄く寒々としか育てられないのだ。

ただ心暖かく情熱のある者だけが、天から与えられた幸福を厚く育て、長期間、天からの恩恵を享受できるものなんだよ。

天地の気は暖なれば則ち生じ、寒なれば則ち殺《さい》す。
故に性気の清冷なる者は、受享もまた涼薄なり。
唯だ和気熱心の人のみ、
その福もまた厚く、その沢《たく》もまた長し。

（前集七二）

**【しなやかに生きるヒント】**

イソップ寓話の「北風と太陽」の話は誰もが知っているだろう。北風はどんなに頑張っても旅人のコートを吹き飛ばすことはできないが、太陽は何もしないのに旅人はコートを脱ぎたくなる。これを人間社会に当てはめると、北風には北風の役目があるのだから、なにも太陽と競争することはない。自然のままにあればよい。

人間もまた、人の気持ちを思いやれる心やさしい人でありたい。またそういう人の友だちになりたいと思えば、いい出会いもやってくるだろう。幸せは温かい心に宿る。心はいつも太陽のようにありたいものだ。

# ぬかるむ道も自然の道だ

天然自然の道理は、広くて寛大なものだ。だから、人間社会をちょっと離れて自然に目を向ければ、それだけで心が晴れ晴れウキウキするのを感じられるはずだ。

一方、人間社会は欲得の渦巻く狭《せま》っ苦しい世界だから、ほんの一歩踏み込んだだけでも、目に入るものといえば、イヤハヤ、人を傷つけようと待ちかまえている茨《いばら》や、足を掬《すく》おうとする泥濘《ぬかるみ》ばかりだ。

天理の路上は甚だ寛《ひろ》く、稍《や》や心を遊ばしめば、
胸中便《すなわ》ち広大宏朗なるを覚ゆ。
人欲の路上は甚だ窄《せま》く、纔《わずか》に迹《あと》を寄すれば、
眼前倶《とも》にこれ荊《けい》棘《きょく》泥《でい》塗《と》なり。

（前集七三）

**【しなやかに生きるヒント】**

人間なんてしょせんは歴史の一瞬を生きているだけだ。ところが、その一瞬を永遠に続くものだと思うから生きているのが苦しいのだ。一瞬にして消え去る存在だと思えば、何があっても動じることはない。

苦しい辛いは執着があるからだ。人生にいばらの道、ぬかるみの道がないはずはない。子供はぬかるみの中に自分から飛び込んでいって、何とも楽しく遊んでいるではないか。どうせ一瞬の人生ならば、もっと天真爛漫に生きたらいい。欲を捨て、こだわりを捨てて一歩前に踏み出そう。

# 下手の考え休むに似たりだ



新たな事業に手を出すことに夢中になるよりも、すでに完成している事業の永続に心を砕く方が遙かにいいぞ。

過去の失敗をクヨクヨ悔いるよりも、将来の失敗を未然に防ぐことに頭を使う方が断然いいぞ。

未だ就《な》らざるの功を図《はか》るは、已《すで》に成るの業《ぎょう》を保つに如《し》かず。
既往《きおう》の失《しつ》を悔ゆるは、将来の非を防ぐに如かず。

（前集八〇）

【しなやかに生きるヒント】

囲碁や将棋をする人なら、次の一手に悩むことはよくあるだろう。だが下手な人ほど長考しがちで、その実何も考えていないのだから困る。

漁師の世界にも「思案するより網調べ」という格言がある。不漁だったらどうしようなどと心配する前に、漁に備えて網の破れ目を縫っておけという意味だ。

棚からぼた餅のような僥倖《ぎょうこう》をあてにするのが人間の弱いところ。目の前の畑を耕さなければ飯が食えないという現実を知るべきだ。「利は天より来らず、地より生ず」である。

# 九仞《きゅうじん》の功を一簣《いっき》に欠くなよ

いったん我が身をかえりみずに事に当たろうと決心したからには、遅《ち》疑《ぎ》逡巡《しゅんじゅん》していてはダメだぞ。それでは、せっかくの決心に泥を塗ることになる。

人に施しをしたら、見返りを求めてはダメだ。それでは、施そうとした気持ちと、施しものの二つながらを無にしてしまうことになる。

己《おのれ》を舎《す》てては、その疑いに処《お》ることなかれ。
その疑いに処れば、即ち舎つるところの志、多く愧《は》ず。
人に施《ほどこ》しては、その報いを責むることなかれ。
その報いを責むれば、舎つるところの心を併せて、倶《とも》に非なり。

（前集八九）

**【しなやかに生きるヒント】**

事に当たっては、絶対にやり遂げてみせる強い覚悟が必要だ。そんな大事な時に、ためらって出遅れてしまうようではいけない。

「九仞の功を一簣に欠く」——九割九分完成した大きな仕事が、最後のわずかな油断でだいなしになってしまうことは多い。最後の最後まで気を緩めてはならない。

覚悟とは、さとり、悟ること。自分に与えられた使命とは何かを覚り、自分を取り巻く人びとの自分に対する評価、期待、願望を悟ることができれば道を外れることはないし、必ず成果をあげられる。

# 能ある鷹は爪を隠す

あっさりとした性格の人は、ネチッコイ性格の人から何か裏があるのではないかと疑われ、厳格な者は、だらしない者に毛嫌いされる。だから心ある者は、その対処法として、信念を曲げたりしてはならんが、あんまり鋭い矛先をチラつかせないようにして災難を避けることだな。

澹泊《たんぱく》の士は、必ず濃艶《のうえん》なる者の疑うところとなり、
検飾《けんちょく》の人は、多くは放肆《ほうし》なる者の忌《い》むところとなる。
君子は此れに処して、固《もと》より少しもその操履《そうり》を変ずべからず、
また太《はなは》だその鋒芒《ほうぼう》を露《あら》わすべからず。

（前集九八）

【しなやかに生きるヒント】

人は常に自分を中心に考える。だから自分と先天的に品格や能力が違う人間を毛嫌いする。たとえば人間の度量の違い、美貌や体型の違いなどである。

学校の成績や会社の給料などは、頑張れば何とか追いつくことができるが、どんなに頑張っても追いつけないものもある。

自分の秤《はかり》では計れない相手に対する嫉妬ほど怖いものはない。だから、能ある鷹は爪を隠すべきだ。安易な自己主張は慎もう。

# 明るい虚無主義を持とう

この世を現象面からだけ眺めると、有名になったり金持ちになったり出世したりすることはもとより、われわれの肉体さえ、ほんの一時の仮りの存在に見えてくる。

しかし、物質面に焦点を合わせれば、父母兄弟はもとより、あらゆるものが自分と渾然《こんぜん》一体となった確乎《かっこ》たる存在に見えてくる。

われわれは、世の中が儚《はかな》い仮りのものであることと、確乎たる実在物であることの二つながらを同時に見通すべきなのだ。両者を深く理解できた者だけが、世間のチマチマした常識から解放されて、大きな仕事を成し遂げることができるようになるものなのだよ。

幻迹《げんせき》を以て言えば、功名富貴に論なく、
即ち肢体《したい》もまた委形《いけい》に属す。
真境を以て言えば、父母兄弟に論なく、
即ち万物も皆吾《われ》と一体なり。
人能《よ》く看《み》得て破り、認め得て真ならば、
纔《わずか》に天下の負担に任《た》うべく、また世間の韁鎖《きょうさ》を脱すべし。

（前集一〇三）

**【しなやかに生きるヒント】**

陰鬱《いんうつ》な虚無主義は寂しい。物事に何の意味も目的も、価値も見い出さないのであれば、明るい歌も明るく歌えない。

虚無とはすべてが無の世界だから、何もないところで喜び、嘆くのはおかしい。環境や状況に振り回されない揺るぎない心、無の境地にあるように前向きに生きなければ、人生そのものがつまらないものになってしまう。

人は明るい虚無主義で生きるべきなのだ。

# 散るものと知ってこその花見かな

宇宙は万古より存在し、悠久の未来に向かって存在し続けているが、われわれの肉体は二度と再びこの世に生まれてこない。

しかも人の一生は、たかだか百年に過ぎず、月日はアッという間に過ぎ去っていく。

だからこそ、幸い人間として生まれたからには、生きている楽しみを大いに味わうべきなのだ。そのためには、うたかたの生の儚《はかな》さを憂《うれ》うる気持ちを忘れぬようにすべきなのだ。

天地には万古あるも、此の身は再《ふたた》び得られず。
人生は只《た》だ百年のみ、此の日最《もっと》も過ぎ易《やす》し。
幸いにその間に生まるる者は、
有生の楽しみを知らざるべからず、
また虚生の憂いを懐《いだ》かざるべからず。

（前集一〇七）

**【しなやかに生きるヒント】**

戦国時代から安土桃山時代の女性、細川ガラシャは「散りぬべき　時知りてこそ　世の中の　花も花なれ　人も人なれ」と詠んだ。「人は品　花は桜と　時知りて　退くぞよき　散るぞめでたき」は、大正時代の政治家・実業家である徳川頼倫の歌だ。

花は自らの命の儚さ、美しさを知らないが、人間にとっては散るものと知ってこその花見である。引退すること、死ぬことを覚悟している人は命の美しさを知っている。だからこそ毎日を大切に楽しく生きて行けるのだ。

# 因果応報は世の習いだ

老後の病気は、すべて若い時に招き入れたものなんだよ。

落ち目になって降りかかる災難は、羽振りのよい時になした行為の報いなのさ。

だから、心ある者は、絶頂にいる時にこそ我が身を恐れ慎むべきなのだ。

老来の疾病《しっぺい》は、都《すべ》て是れ壮時《そうじ》に招きし的《もと》なり。
衰後の罪孽《ざいげつ》は、都て是れ盛時に作《な》せし的なり。
故に盈《えい》を持《じ》し満を履《ふ》むは、君子尤《もっと》も兢々《きょうきょう》たり。

（前集一〇九）

【しなやかに生きるヒント】

花も一時、人も一盛り。「この世をばわが世とぞ思う望月の欠けたることもなしと思えば」と詠んだ藤原道長は、平安時代に権勢を振るった藤原一族の氏の長者である。だが、実は多くの子供たちに先立たれ、自身も病気がちであった。また天皇の外戚として築き上げた栄耀栄華も、武家の台頭までの一時的なものに過ぎなかった。

満つれば欠けるが世の習い。太く長く生きるのが人間の理想かもしれないが、天はそんなことを許してくれない。絶頂にいる時に落日を予想して身を慎むことができるのは聖人だけかもしれないが、われわれも聖人を見習い、心して生活していく思慮を身につけたいものだ。

# 岩のごとく無心であろう

思い通りにならぬからとて、クヨクヨするなよ。思い通りになったからとて、小躍りするなよ。

平穏無事が続いたからとて、安心するなよ。ふりかかってくる困難に尻込みするなよ。

払意《ふつい》を憂うることなかれ、快心を喜ぶことなかれ。
久安を恃《たの》むことなかれ、初難を憚《はばか》ることなかれ。

（前集一九九）

**【しなやかに生きるヒント】**

「わが心石にあらず、転ずべからず」という言葉がある。どんなに重い石でも石だから転がすことはできる。だが、自分の心は石でないから転がすことはできない、という意味で、意思や志が堅固なことを言う。「わが心木石にあらず」というのは、人間の身体は木や石でできているのではないから、温かい血も通い、物事に対し喜怒哀楽さまざまな感情に動かされるものであるという意味である。

ことわざの中で石の持つ意味は多種多様だが、多くはどっしりと堅固で動かないイメージのようだ。人間にとって肝心なのは、何事に対しても一喜一憂しないこと、岩のような無心の心をもって事に当たることである。

# 不安や不遇も永遠ではない



晴れ渡った空に突然雷鳴が轟き、稲光が暴れ走ることがある。激しい風雨がパタリとやんで、月が明るく輝きわたる夜空になることもある。

そんなふうに気象は千変万化だが、すべてはほんの一時の滞《とどこお》りにすぎない。宇宙も千変万化だが、宇宙がもたらす作用もほんの一時のものにすぎないのだ。

人間の心の作用も、そんなものだと心得て生きるといい。

霽日《せいじつ》青天も、倏《たちま》ち変じて迅雷《じんらい》震電と為り、
疾風怒《ど》雨《う》も、倏《たちま》ち転じて朗月晴空と為る。
気機何の常あらん、一毫《ごう》の凝滞《ぎょうたい》なり。
太虚何の常あらん、一毫の障塞《しょうそく》なり。
人心の体も、また当《まさ》に是《かく》の如くなるべし。

（前集一二四）

**【しなやかに生きるヒント】**

「露と落ち　露と消えにし　我が身かな　なにわの夢も　夢のまた夢」は豊臣秀吉の辞世の句である。死の間際に、人生なんて露のごとくはかないものと悟ったわけだが、真剣に生きていたからこそ湧いて出てきた本音でもあるだろう。

波瀾万丈、疾風怒濤の人生も、過ぎ去ってみれば一場の夢。どんなに苦しい時でも、「試練は次なる目標へのステップ」と思える人には成功が約束される。

「朝の来ない夜はない」と腹をくくれば、我慢と自己規制も難しいことではない。そうすれば、明日に希望をつなぐバイタリティーも湧いてくる。

# 耳《じ》・目《もく》・情《じょう》・理《り》は、患いの出入り口でもある

冷静な目で人をよく観《み》、冷静な耳で人の言葉を聴くことだ。冷静な心で感情をコントロールし、冷静な頭脳で理性を働かすことが肝心だぞ。

冷眼にて人を観《み》、冷耳《れいじ》にて語を聴き、
冷情にて感に当たり、冷心にて理を思う。

（前集二〇三）

**【しなやかに生きるヒント】**

視覚、聴覚、触覚、味覚、嗅覚という五感の中で、とくに重要視されるのは、伝わる情報量が多い視覚（目）と聴覚（耳）である。だから「鳶目兎耳《えんもくとじ》」あるいは「飛耳長目《ひじちょうもく》」などという四字熟語で、遠くのものをよく見通す目と遠くの音を早く聞き取る耳とがあれは情報収集や観察に優れ、ものごとに精通した人物になれるとしてきた。

一方では、実際には見ていないのに見たことにする、つまり他人の報告を鵜呑みにする「以耳代目《いじだいもく》」という熟語や、古いことを高く評価して現実を軽んじるとか、遠くのことをありがたがり、近くのことは軽蔑するという意味の「貴耳賤目《きじせんもく》」などという熟語もある。

情報の出入り口の目や耳、情報の価値を決める人情や道理も、使い方を間違えてはならないという戒《いまし》めである。

# 苦も楽も、心の持ちよう

歳月は、本来は悠久なものであるのに、セカセカ生きる者は、その生き方で時間を足りなくさせている。

天地は本来は広大なものだが、心根のケチくさい者は自らの心の狭さで、天地を窮屈にしてしまっている。

春の花、夏の風、秋の月、冬の雪などは、本来はのどかな風物なのに、アクセクと一儲けをたくらむ者は、自らの欲で気忙《きぜわ》しいものにしちまっているのさ。

歳月は本《もと》長くして、忙《いそが》しき者自《みず》から促《うなが》す。
天地は本寛《ひろ》くして、鄙《いや》しき者自から隘《せま》くす。
風花雪月は本閒《かん》にして、労攘《ろうじょう》の者自から冗《わずらわ》しくす。

（後集四）

【しなやかに生きるヒント】

「老年は夜の旅人」とも言われる。前途洋々たる昼の旅人に比べると寂しいのは事実だ。同行者も年々少なくなっていく。だが焦ることはない。夜はそれ以上暗くならないし、周りが気忙しい昼間にはない静寂がある。自分のライフワークや若い時にできなかった趣味を思う存分やってみることもできる。

物事の見方は一つではない。気忙しい生き方では見えないものも、ゆったりと心を落ち着かせてみれば、自然とその本質が見えてくるものなのだ。

# 心頭を滅却すれば火もまた涼し

必ずしも自然の暑熱を取り除かなくても、暑さをイヤだイヤだと思う気持ちを取り除けば、身体はいつも清らかな涼み台の上にいるようになれる。

貧乏を追いやることはできなくても、貧乏を苦にする気持ちを追いやれば、心はいつも安楽な住まいにいるようになれるものなんだよ。

熱は必ずしも除かずして、而《しか》も此の熱悩を除かば、
身は常に清涼台上に在らん。
窮は遣《や》るべからずして、而も此の窮愁を遣らば、
心は常に安楽窩《あんらくか》中に居らん。

（後集二八）

【しなやかに生きるヒント】

「心頭を滅却すれば火もまた涼し」とは、無念無想の境地にあれば、暑さや寒さどころか、どんな苦痛も苦痛と感じないという意味だ。もともとは禅家の公案（禅の精神を考える問題）であるが、武田信玄の禅の師匠であった恵林寺（山梨県）の快川《かいせん》和尚が、織田信長の軍勢に攻められ、寺が焼き打ちされた時にこの言葉を唱えて焼死したところから有名になった。

どんなに厳しい環境にあっても、自分の心の持ち方を変えさえすれば世の中は違って見えてくるものだ。

# 無欲なれば気苦労なし

出世を願わなければ、高給をエサにこき使われる心配もしなくてすむ。
出世競争をしなければ、宮仕えでストレスを抱え込む懼《おそ》れもなくなる。

我、栄を希《ねが》わずんば、何ぞ利禄の香餌《こうじ》を憂えんや。
我、進むを競《きそ》わずんば、何ぞ仕官の危機を畏れんや。

（後集四四）

【しなやかに生きるヒント】

人間は欲深い生き物だが、欲を出していらぬ心配やストレスを抱え込み、あげくに病気にでもなってしまっては元も子もない。しかし、欲を捨て去るのは難しい。

仏教には、金品や物でなく、無財で人を幸せな気持ちにさせるお布施として「無財の七施」という言葉がある。和顔施《わがんせ》（おだやかな顔）、慈眼施《じげんせ》（やさしい眼差し）、愛語施《あいごせ》（やさしい言葉）、身施《しんせ》（美しい身のふるまい）、心施《しんせ》（思いやりと感謝の心）、床座施《しょうざせ》（人に席をゆずる）、房舎施《ぼうじゃせ》（自宅でのもてなし）の七つだが、無欲無心、無偏無党の人でなければ、この境地に達することはできない。ならばせめて、「無財の七施」のどれか一つでも実行することを心がけるとよいだろう。

# 足《た》るを知れば、倍楽しめる

花は五分咲きを眺め、酒はほろ酔いにとどめるがいいぞ。それが最高の楽しみ方というものだ。もしも、満開の花を眺めて酒をガブ飲みすれば、落花に心を痛めたり二日酔いになるのがオチだ。

だから現在、満ち足りた生活を楽しんでいる者も、よくよく考えて、それ以上の幸福を望まぬようにすることだな。

花は半開を看《み》、酒は微酔《びすい》に飲む、此の中に大いに佳趣あり。
若《も》し爛熳酕醄《らんまんもうとう》に至らば、便《すなわ》ち悪境を成す。
盈満《えいまん》を履《ふ》む者は、宜《よろ》しくこれを思うべし。

（後集一二三）

【しなやかに生きるヒント】

心身の健康には、何事も少し不足かなと思えるくらいがちょうどいい。酒は飲んでいる時は楽しくても、もっともっとと飲みすぎてしまえば、二日酔いになったり、あるいは酒に飲まれてつまらぬことで人と争う原因にもなったりする。「ああ楽しい」としみじみ思えるところでやめておくことだ。

次々に新しい商品が出てくる現代社会では、物欲を抑えるのは難しい。だが、「足るを知る者は富む」と『老子』にもある。分相応で満足できる者は心が富んで豊かであり、より人生を楽しむことができるのだ。

# やるも、やめるも、思い立ったが吉日だぞ

何事であれ、やめようと思い立ったら、即座にスッパリやめるがよい。やめ時をあれこれ考えていると、息子に嫁を取り娘を嫁にやった後も一向に俗事はへらず隠居もできず、出家したいと思っても決心のつかないようなグズグズ状態におちいってしまう。

だから昔の人もこう言っているんだ。

「今、やめようと思ったら、ソクやめよ。やめ時をさがしていては、やめ時は見つからない」と。まさに名言というべきじゃないかね。

人肯《あえ》て当下《とうか》に休せば、便《すなわ》ち当下に了せん。
若《も》し個の歇《や》む処《ところ》を尋《たず》ねんことを要せば、
則ち婚嫁完《まった》しと雖も、事もまた少なからず、
僧道好《よ》しと雖も、心もまた了せず。
前人云う、「如今《じょこん》、休し去らば便ち休し去れ、
若し了時を覓《もと》むれば了時なからん」と。これを見ること卓なり。

（後集一五）

**【しなやかに生きるヒント】**

やるも、やめるも思い立ったが吉日というのはその通り。だが、決断の成果はその後の情熱の持続にかかっている。その意味では決断は簡単である。ただし、その決断さえもできない人が少なくない。そういう人は「思い立ったが吉日」のことわざを活用するといい。

# 〃変わる世間〃に鬼はなしだ

人情や世相は目まぐるしく変わるものだから、今の真実が絶対普遍などと思い込まぬことだな。

学者の邵堯夫《しょうぎょうふ》もこう言っている。

「以前、これこそ私だと思っていた私自身が、今では赤の他人のように感じられる。今の私も、何年か後にはまた別人のように感じられるようになっているのだろう」と。

そんなぐあいに、他人ばかりか自分も変わるものだと心得ていれば、心の中のケチくさいこだわりなどは、たちまち雲散霧消しちまうよ。

人情世態は、倏忽《しゅっこつ》万端、宜《よろ》しく認め得て太《はなは》だ真なるべからず。堯夫《ぎょうふ》云《い》う、「昔日、我と云いしところは、而今《いま》却《かえ》って是れ伊《かれ》。知らず今日の我は、また後来の誰にか属せんを」と。人常に是《こ》の観を作《な》さば、便ち胸中の罥《けん》を解却すべし。

（後集五八）

**【しなやかに生きるヒント】**

「渡る世間に鬼はなし」というのは、世の中は悪い人ばかりではない、親切にしてくれる人もたくさんいるということわざだ。

人間が変われば世間も変わる。世間が変われば人間も変わる。不変の世の中はどこにもない。『呉志―呂蒙伝・注』には「士別れて三日なれば刮目《かつもく》して相待《あいたい》すべし」とある。どんな人間でも、三日もたつと見違えるほど成長していることがある。そう思えば、過去の小さなことなど気にならなくなるものだ。

# 達観すれば、心のどかだ

出来上がったものは、いつか必ず壊れるものだと知れば、完成を求めようとガムシャラにならずにすむ。

生きているものはいつか必ず死ぬものと知れば、長生きをしようと、ヒッチャキにならずにすむ。

成の必ず敗《やぶ》るるを知れば、則ち成を求むるの心は、
必ずしも太《はなは》だ堅からず。
生の必ず死するを知れば、則ち生を保つの道は、
必ずしも過労せず。

（後集六二）

**【しなやかに生きるヒント】**

完璧主義者は理想が高い。何でも完璧でなければ納得しない。だが、「コンパス（羅針盤）は方向を指し示すことはできても川や谷の避け方は教えてくれない」（小野田寛郎）ように、理想は正しくとも山や谷をどう越えていけばいいのか、その方法を教えてくれるわけではない。だから、完璧主義者には生き方が不器用な人が多い。

人生とはでこぼこ道を乗り越えていくこと。一遍上人の辞世のように、「わが屍《しかばね》は野に捨ててけだものに施すべし」と言えるぐらいの豪胆な悟りができれば、人生におけるすべての悩みは霧消してしまうだろう。

# 老後は、心に刻んだしわの数だけ楽しめる

春には、ウグイスがさえずり、花が咲きみだれ、山は緑濃く、谷には豊富な水が流れている。

だがね、こいつは自然のほんの一時の仮りの姿に過ぎんのさ。秋深くなり、谷川の水が涸れ、木々の葉が落ち、石は痩《や》せ尖《とが》り、崖がむきだしになった時こそ、自然の本当の姿を見ることができるものなのだぞ。

鶯花《おうか》茂くして山濃《こま》やかに谷艶《えん》なるは、
総《すべ》て是れ乾坤《けんこん》の幻境なり。
水木落ちて石痩《や》せ崕《がけ》枯れて、纔《わずか》に天地の真吾を見る。

（後集三）

【しなやかに生きるヒント】

ヨーロッパの哲学者はしゃれたことを言う。「年寄りは顔よりも心に多くのしわを刻む」と。人間は誰もが老いる。四季にたとえれば、春は青春期、夏は壮年期、秋は老年期、冬は衰亡期といえるだろう。そして誰もが死ぬように不老不死はあり得ない。

この自然の移ろいに人間は抵抗できない。だから輝かしい青春時代に身と心を成長させ、働き盛りの壮年時代に家族を育て、実りと収穫の老年期を喜んで迎えられるようにするべきである。定年後は老いを楽しむ「老楽時代」と言えるように、心に刻んだしわの数だけ成長した人間として生きていきたいものだ。

# 蠟燭《ろうそく》は消える時がいちばん明るい

日がすでに暮れているのに、夕焼け空は絢爛《けんらん》たる光に覆《おお》われ、一年が終わろうとする頃になって、橙《だいだい》や橘《たちばな》は一段とよい香りを放ち出す。

人の晩年とて同じことだ。心ある者は、晩年にこそ精神をそれまでの百倍にも輝かせられるように心がけて生きるべきだ。

日既《すで》に暮れて、而《しか》もなお烟霞《えんか》絢爛《けんらん》たり。
歳将《まさ》に晩《く》れんとして、而も更《さら》に橙橘《とうきつ》芳馨《ほうけい》たり。
故に末路晩年は、君子更に宜《よろ》しく精神百倍すべし。

（前集一九六）

**【しなやかに生きるヒント】**

なぜ、蠟燭は消える時がいちばん明るいのだろうか。それは、炎の強さを抑え、長時間燃やすために固形化されて芯を被っている蠟が溶け、芯がむき出しになって一気に燃え尽きようとするからだ。蠟燭を固めている蠟は、蠟燭の寿命を伸ばす役目と炎を生み出すエネルギー源でもあるのだが、普段はそれに気づかないことが多い。

「蠟燭は身を削って人を照らす」ということわざもあるように、われわれも時には身を削って人のために尽くすことが必要だ。そうした心がけが、晩年の人生をより輝かしいものにしてくれるのだ。最後は自分の人生に満足して、潔く燃え尽きたいものである。

# 青空は無限、人生を祝福せよ！

世間の人は名誉心や物欲に縛られているために、思い通りにならないこの世を俗界だの苦海だのとケチをつけがちだが、そう言う者は自然を知らんのだ。

雲は白くたなびき、山は青々と横たわり、川は清らかに流れ、岩は雄々しくそそり立ち、花は小鳥を迎えて咲きほこり、谷は樵《きこり》の歌に答えてこだましているじゃないかね。

少なくとも自然界は、俗界でも苦海でもありゃせんよ。人は、自ら自分の心を俗界や苦海にして、自分の周囲を俗界や苦界ときめつけているだけなのさ。

世人は栄利の為《ため》に纏縛《てんばく》せられて、
動《やや》もすれば塵世苦海と曰《い》う。
知らず、雲白く山青く、川行き石立ち、
花迎え鳥咲《わら》い、谷答え樵謳《しょううた》うを。
世もまた塵ならず、海もまた苦ならず、
彼自《みずか》ら其の心を塵苦にするのみ。

（後集一二二）

【しなやかに生きるヒント】

欲望や執着にとらわれていると、世の中すべてが汚れているように思われがちだが、汚れているのは世の中ではない。自分の心から欲を棄てれば、あるがままの自然、社会、人々を受け入れることができるし、未来への希望も生まれてくるはずだ。

宗教改革者のマルティン・ルターは、腐敗した教会がどんなに迫害しようとも、自分の考えを貫いて若い世代を啓蒙していくという決意表明として、「たとえ世界が明日終わるとしても、私はリンゴの樹を植える」と言った。われわれも未来を信じて生きよう。

第4章

# 家族、友人、人との交わり

周囲の人々となぜかうまくいかない、
友だちは多いが親友と呼べる人はいない、
家族や恋人に素直になれない……。
人づきあいは社会生活の基本だから、
相手とあなたとの双方にとって
ちょうどいい距離感を保つようにしたい。
臨機応変、バランスよくを心がけ、
人の過ちを忘れる心の広さを持つことだ。

# 耳に痛いことを言うのが友というものだ

人生は、小うるさい小言を聞いたり、思い通りにならないことの連続に思えるだろうが、だからこそ自分を成長させることができるのだ。調子のよい言葉ばかりを聞き、何でも思い通りになるような生活は、羨むべき生活なんかじゃないんだぞ。そんな生活は日々猛毒を飲んで自らの死を早めているに等しいのだ。

耳中、常に耳に逆《さから》うの言を聞き、
心中、常に心に払《もと》るの事ありて、
纔《わずか》に是れ徳に進み行を修むるの砥石《しせき》なり。
若《も》し言々耳を悦ばし、事々心に快《こころよ》ければ、
便《すなわ》ち此の生を把《と》って鴆毒《ちんどく》の中に埋在《まいざい》せん。

（前集五）

**【しなやかに生きるヒント】**

人間は調子に乗って思い上がりやすいものだ。そんな時に、親しい友から耳の痛いことを言われても怒ってはいけない。「良薬は口に苦けれども病に利あり。忠言は耳に逆《さか》らえども行いに利あり」という格言があるように、高慢ちきな鼻をへし折ってくれる友、転ぶ前に「危ないよ」と注意してくれる友こそが真の友だといえる。

「人生は自己責任」——失敗を他人のせいや運のせいにしてはいけない。やりたいことができない時、思うようにならない時も、他人のせいや環境のせいにしてはいけない。人生に躓《つまず》いた時こそ、何でも言い合える、本当の友人の大切さが分かるはずだ。

# 目立ちたがり屋に騙《だま》されるな

度数の強い酒、脂身《あぶらみ》の多い肉、辛すぎるもの、甘すぎるもの、そんなものの中には本当の美味《うまみ》は存在せんよ。美味は淡白の中でこそ味わえるものなのだから。

人間も同じこと。世間が天才だの鬼才だのともてはやしている者の中には味わうべき人物などおらんよ。すぐれ者は、何でもない平々凡々にしか見えないものなのだから。

醲《じょう》肥《ひ》辛甘《しんかん》は真味にあらず、真味は只《た》だ是れ淡なり。
神奇卓異は至人《しじん》にあらず、至人はただ是れ常なり。

（前集七）

【しなやかに生きるヒント】

外見や一時期の印象だけで人を判断してはいけない。人に注目されているからといって、本当に才能や人間的魅力があるのかは分からないものだ。実はただの目立ちたがり屋にすぎないのかもしれないのだ。

人を理解するためには、その人の全体、その人の基本姿勢、その人の生きてきた人生、その人の家族までをも知ろうとする心遣いが大切だ。ただし、知りたいからと質問攻めにしても本当の心は見えてこない。その人のそばにいて、その人のやることを見て、言っていることを聴いて、どうしても心にひっかかることだけを訊ねるようにしたらよい。

# 三分の侠気《きょうき》、四分《しぶ》の熱だ

友人とつきあうなら、利害得失をはなれて相手のために一肌ぬぐ三分の義侠心《ぎきょうしん》を持ち合わせるべきだな。

ひとかどの人物になろうと思うなら、心の一点に生まれたままの純真さを残しておくべきだろうな。

友に交《まじわ》るには、須《すべか》らく三分《ぶ》の俠気を帯ぶべし。
人と作《な》るには、一点の素心を存するを要す。

（前集一五）

**【しなやかに生きるヒント】**

明治時代の詩人、与謝野鉄寛は「友をえらばば書を読みて、六分《りくぶ》の俠気四分の熱」と詠んだ。しかしその前段では「妻をめとらば才たけて、みめうるわしく情ある」とも詠んでいる。妻にするなら才能があり、美人で、情が深い人がいい。友人にするなら読書をする人で、義理人情を重んじる心が六割、四割は情熱をもつ人がいい、ということだ。

人生で最も大切にしなければならないのは愛情と友情である。自分が他人から信頼される価値ある人間となるには、愛する者、尊敬する友人のために自分を投げ出す男気、そして自分の理想と夢を追求する向上心を忘れてはならない。ただし、義俠心の六分は多すぎるかもしれない。『菜根譚』では三分ほどがよいと言っている。

# 「家族団欒《だんらん》」は信心に勝る

どこの家にも仏教の仏さまや、道教の神が祀《まつ》られているだろう。しかし、家族が心から打ち解け合い、笑顔と穏やかなことばを絶やさず、父母兄弟の間で身も心も一体となるように気持ちを通じ合わせていれば、神仏を拝んだり修業をしたりするよりも何万倍ものご利益《りやく》を得ることができるものなんだよ。

家庭に個《こ》の真仏あり、日用に種《しゅ》の真道あり。
人よく誠心和気、愉色婉言《ゆしょくえんげん》もて、父母兄弟の間をして、
形骸両《ふた》つながら釈《と》け、意気こもごも流れしめば、
調息観心に勝《まさ》ること万倍なり。

（前集二一）

**【しなやかに生きるヒント】**

日本人は宗教心がないと言われている。年末にクリスマスを祝い、正月には神社・仏閣に初詣をする。キリストも釈迦も、天照大神から八百万《やおよろず》の神様まで何でもござれの節操のなさに、無宗教民族だという批判もある。

だが、日本人はもともと神仏習合の文化で育ってきた。山や森や動物、木や石にまで神が宿ると信じる心がある。森羅万象みな仏性を持っていると考えてきた。キリスト教やイスラム教など一神教とは違った多神教の文化圏には、家族団欒を無上の喜びとする「家族教」とでも呼べる伝統があるようだ。

# 人を見て法を説け

人の誤りや欠点をあげつらって、頭ごなしに締め上げたってダメだぞ。
そんなやり方が相手に受け入れられるかどうか考えてみるがいい。
人を指導しようとする時には、ハードルを高くし過ぎてはイカンよ。
跳び越え可能なギリギリの高さにハードルを調整することが肝心なのさ。

さく魂胆

人の悪を攻むるは、太《はなは》だ厳なることなかれ、
その受くるに堪えんことを思うを要す。
人を教うるに善を以てするは、高きに過ぐることなかれ、
当《まさ》にそれをして従うべからしむべし。

（前集二三）

【しなやかに生きるヒント】

優れたリーダーは皆「叱り上手、褒め上手」である。なぜなら、組織をまとめ、活力を高め、課題を解決していくためにはまず人を育てなければならないからだ。人が育たなければ組織力は発揮できない。叱る時は上から目線で一方的に欠点を指摘するのではなく、厳しく叱りながらも本人の成長を望む気持ちを忘れないことだ。

褒める時は、その成功の次に新しいステージがあることも教えてやることだ。風にあわせて帆を張れば舟も転覆することはない。「人を見て法を説け」という言葉は指導者の金言である。

# 罪を憎んで人を憎まず、独立自尊たれ！

後輩や目下の者に対して、その欠点や過失を厳しく責め立てることはたやすく出来るさ。しかし、欠点や過失を憎んで当人を憎まないでいることは容易にできることじゃないぞ。

先輩や目上に対して、うやうやしくへり下ることは容易にできる。しかし礼儀をもって対等に付き合うことは、容易にできることじゃあるまいよ。

小人を待つは、厳《げん》に難《かた》からずして悪《にく》まざるに難し。
君子を待つは、恭《きょう》に難からずして礼あるに難し。

（前集三六）

**【しなやかに生きるヒント】**

人を育てることは難しい。叱れば何が悪かったか気づいて自分で修正できる人もいれば、反発して投げやりになる人もいる。大事なのはどうやって叱るかだ。叱りたい時は、いったんなぜ叱るかを自問自答すべきだ。好悪の感情で叱っていないか、叱って育つ相手なのかどうか、叱り方はどうすべきかを考えたい。「罪を憎んで人を憎まず」である。

また尊敬する友人や愛する恋人をつくりたいなら、自分から友人や恋人になりたいと伝えるべきだ。ただし、自分がその人にふさわしい人間になる努力を怠ってはならない。相手におもねって子分のようになることは簡単だが、対等の立場にならなければ人間関係は長続きしない。友人であれ、恋人であれ、独立自尊が肝心なのだ。

# 臨機応変、時の宜《よろ》しきに従え

世の中が平和なら、四角ばって折り目正しく生きるべきだが、世の中が乱れている時には、ツッパらずに丸くなって無法な禍《わざわ》いを避けるがよい。末世《まっせ》である現在は、四角と丸の双方をともに用いて臨機応変に生きるといいだろう。

善人に対しては寛大に接し、悪人に対しては厳しく接すべきだが、普通の人に対しては双方を使い分けて臨機応変に接することだよ。

治世に処しては宜《よろ》しく方《ほう》なるべく、
乱世に処しては宜しく円《えん》なるべく、
叔季《しゅくき》の世に処しては当《まさ》に方円並び用うべし。
善人を待つには宜しく寛なるべく、
悪人を待つには宜しく厳なるべく、
庸衆《ようしゅう》の人を待つには当に寛厳互いに存すべし。

（前集五〇）

**【しなやかに生きるヒント】**

時代は否応なく進み、人は当たり前に年を取る。二〇年たって変わらないものは何もない。その間、平穏な時期もあれば波乱の時期もある。困難に出遭い、挫折することもある。一生懸命努力しても期待通り結果を得られないこと、嫌いな人と一緒に仕事をしなければならないこともある。

しかしそれらはすべて人生を楽しみ、仕事を楽しむためのスパイスだ。時の流れに従って生きる覚悟をすれば、人生も仕事も、やりがいのあるものに変わるものだ。

# 恩を売って、仇を買うなよ

人に恩恵を施すときに、恩着せがましくせず、相手からの見返りを期待しなければ、たとえわずかな恩恵であっても莫大な恩恵を与えたことになる。

逆に、相手に利益を与えたとき、与えた利益を計算したり、見返りを要求したならば、たとえ莫大な利益を与えたにせよ、一文の値打ちもなくなっちまうものなんだぞ。

恩を施す者は、内に己《おのれ》を見ず、外に人を見ざれば、
即ち斗粟《とぞく》も万鍾《ばんしょう》の恵みに当たるべし。
物を利する者は、己の施《し》を計り、人の報《ほう》を責むれば、
百鎰《いつ》と雖《いえど》も一文《もん》の功を成し難し。

（前集五二）

【しなやかに生きるヒント】

人間関係ほど難しいものはない。人のためにしたことが逆に恨みを買い、誰かのためになどと考えないでやったことに感謝されることがある。

自分の言動がどういう影響を与えるか、どう受け止められるか、どうすれば説得できるかなど、ある思惑をもって行動した場合、相手の五感は鋭くそれを感知する。本心からの言葉や行為以外は慎むことである。無心がいちばん。自分の心を無にすれば、自ずと情は通じるものである。

# 家族愛は子供にとっての最後の砦だ

家の者が過ちをしたときには、やたらと怒鳴りまくったりしてはいかんし、かと言って、見て見ぬ振りをするのもダメだ。

直接言いにくい場合には、他にかこつけて間接的に指摘するといいだろう。今日言って分からないようなら、また別の日に言い聞かせる。

ちょうど春風が凍土を解かすように、暖気が氷を溶かすように、じんわりとやるのが、家庭内での叱り方のコツだよ。

家人、過《あやまち》あらば、宜《よろ》しく暴怒すべからず、
宜しく軽棄すべからず。
此の事言い難くば、他の事を借りて隠《いん》にこれを諷せよ。
今日《こんにち》悟らざれば、来日《らいじつ》を俟《ま》ちて再びこれを警《いまし》めよ。
春風の凍《こお》れるを解くが如く、和気の氷を消すが如くにして、
纔《わずか》に是れ家庭的の型範なり。

（前集九六）

**【しなやかに生きるヒント】**

子供の引きこもりは長らく社会問題になっている。原因はそれぞれ違うだろうし、一つとも限らないだろうし、解決法の正解があるわけではない。

だが、一つだけ言えることがある。子供にとって、わが家が最後の逃げ場だということだ。そこにあるのは家族の深く、大きく、そして時に厳しい愛情なのである。

# 忘れ方上手は生き方上手

他人の小さな過ちを責め立てない。他人の秘密をあばき立てない。他人の過去の悪事を言いつのらない。

この三点を守っていれば、自分の徳を高めることができ、人の怨みを買う禍《わざわ》いからも免れられるよ。

人の小過を責めず、人の陰私を発《あば》かず、人の旧悪を念《おも》わず。
三者、以て徳を養うべく、また以て害に遠ざかるべし。

（前集一〇五）

【しなやかに生きるヒント】

「頭の悪い人ほど幸せだ」というのは本当かもしれない。どんなイヤなことも、記憶にならなければストレスにもならない。男でも女でも、「何一つ忘れない」と言い張る者と一緒にいるのは気疲れするものだ。子供でも大人でも昔の失敗をあげつらわれればウンザリする。人と永く良好につきあうには、時として上手に忘れることが必要な所以《ゆえん》だ。ただの甘やかしでない慈母観音のごとき心を持ちたいものだ。

# 気が利きすぎての間抜けになるなよ

親兄弟に異変が起きた時には、身内であるがため取り乱しがちだから、心を落ち着けて慌てふためかないようにすることだ。

一方、友人や知人が過ちを犯した時には、適切な注意やアドバイスをすぐにすべきだ。妙に気を回して機を失ってはいかんぞ。

父兄骨肉の変に処《しょ》しては、
宜《よろ》しく従容《しょうよう》たるべく、宜しく激烈なるべからず。
朋友交遊の失に遇いては、
宜しく剴切《がいせつ》なるべく、宜しく優游《ゆうゆう》たるべからず。

（前集一一三）

【しなやかに生きるヒント】

要領のよい人は、処世術には長けているが心のこもった対応ができないことが多い。何か事故があった時、表面上は上手に対応しているかに見えても、意外に相手から感謝されないでいたりする。相手の心情を思いやり、寄り添う気持ちが欠けていれば、結局はスタンドプレーと思われてしまうのだ。おざなりでもなく、深入りしすぎもしない対応というのは難しいものだが、本当に親身な心からの行動は受け入れられるものだ。

# 人心は測りがたしだ

大金を与えても、その場限りの喜びさえ示してもらえないことがある。そうかと思えば、一度粗末な食事をオゴっただけなのに生涯感謝されることもある。

愛情もかけすぎればかえって仇となったり、あるかなしかの愛情をかけただけで、たいそう喜ばれることもある。

千金も一時の歓《かん》を結び難く、
一飯も竟《つい》に終身の感を致す。
蓋《けだ》し愛重ければ反って仇《あだ》となり、
薄極《はくきわ》まりて翻《ひるがえ》って喜びを成すなり。

（前集一一五）

**【しなやかに生きるヒント】**

川のありがたさはすぐに分かるが、山のありがたさは分かりにくい。なぜなら、水は川を見つければすぐに飲めるが、山の果実は熟してからでないと食べられないからだ。

豊かな川の恵みに感謝する気持ちがあったら、年に一度の収穫期だけにしか食べられない五穀や果実の豊穣さにはもっともっと感謝すべきだ。

同じように人に恩恵を施すときは、相手の欲しているものは何かを見定めるべきであり、人から恩恵を受けたときは、その背景にある愛情の深さにも思いをいたさなければならない。

# 無償の家族愛とは

親は子供を慈《いつく》しみ、子供は親に孝行をする。兄や姉は、弟や妹を可愛がり、弟や妹は、兄や姉を敬《うやま》い慕《した》う。そうした関係が家庭内で当たり前のこととみなされてこそ、本当の家族愛というものだろう。

たとえ完璧に行われていたとしても、施す者が道徳的な行為をしていると自負したり、施される者が恩義を強いられたりしているなら、そんなのは家族愛でもなんでもない、赤の他人同士の市場での商取引となんら変わらぬものでしかないだろうよ。

父は慈に子は孝に、兄は友に弟は恭に、
縦《たと》い極処に做《な》し到るも、倶《とも》に是れ合当《まさ》に此《かく》の如くなるべく、
一毫の感激的の念頭を着け得ず。
如《も》し施す者は徳に任じ、受くる者は恩を懐《おも》わば、
便ち是れ路人、便ち市道と成らん。

（前集一三三）

【しなやかに生きるヒント】

「無償の愛」の究極の姿は「捨身飼虎《しゃしんしこ》」である。薩埵《さった》王子（釈迦の前世）は飢えた虎とその七匹の子のために身を投げて虎の命を救った。普通の人間にはそこまではできないにしても、親が家族を守ろうとする姿には無償の愛を感じる。

とくに母親の子供に向ける愛、自分の命を投げ出してでも子供を守りきろうとする深い愛は尊い。近年では父母ともども子供の虐待を報じるニュースが多い。親の意味をはき違えている者が親になった結果の悲惨な事件だ。悲しいことに、自分が受けた無償の愛を忘れ果ててしまっているのだ。

# 好悪の念は、心の裡《うち》にとどめることだ

功績と過失は、客観的で明白なものだから、両者をゴチャ混ぜにすべきではない。功績に免じて過失を見逃せば、部下は怠け心を起こすようになる。

一方、恩情や憎しみは、主観的で移ろいやすいものだから、余りにハッキリと外に表わさない方がいい。感情を露骨に外に表せば、部下のヤル気をなくさせるのがオチだ。

功過は少しも混ず容《べ》からず、
混ずれば則ち人、惰堕《だき》の心を懐《いだ》かん。
恩仇は太《はなは》だ明らかにすべからず、
明らかなれば則ち人、携弐《けいじ》の志を起こさん。

（前集一三六）

**【しなやかに生きるヒント】**

最近の企業は「成果主義」「実力主義」の人事評価をする。その結果、若手が上司になり、高齢者が部下になる例も多く、社内がギスギスしてきたという声を聞く。
だが、数字で業績貢献度がはっきりわかる成果主義は決して悪いことではない。問題はその運用の仕方である。人間がする人事評価には必ず好き嫌い、温情や憎しみが入ってくる。それをいかに排除して公正な評価ができるかが運用のポイントとなる。まず評価者の再教育からはじめなければならない。

# 塞《ふさ》げば水も奔流となる

悪人やオベッカづかいを一掃したいと望むなら、彼等に逃げ道をつくっておくことが肝心だ。どこにも身の置き場がないほどに追い詰めるのは、ネズミ穴を塞ぐようなものだ。

逃げ道を塞がれたネズミが、破れかぶれになって大切な器物をすべて咬み破るのと同じ事態を招いてしまうのがオチなのだ。

奸《かん》を鋤《す》き倖《こう》を杜《ふさ》ぐは、他《かれ》に一条の去路を放つを要す。
若《も》しこれをして一も容《い》るる所なからしめば、
譬《たと》えば鼠《ねずみ》の穴を塞《ふさ》ぐものの如し。
一切の去路都《すべ》て塞ぎ尽くせば、
則ち一切の好物も倶《とも》に咬《か》み破られん。

（前集一四〇）

**【しなやかに生きるヒント】**

戦国大名が国盗り合戦をしていた時代、城攻めの際には必ず女子供の逃げ道をつくり、そのうえで降伏を迫り、殿様の切腹という形をとって戦を終わらせてきた。武士道というのはそういう文化によって育てられたものだ。

それに比べると、焼夷弾による無差別爆撃や市街地に原爆を投下した先の大戦のアメリカの戦略はむごいものだったと言わざるを得ない。アメリカは同様の戦略をとり続けているが、「窮鼠猫を噛む」ということわざもあるように、やりすぎは危険なのだ。

# 貧時は交わりやすし

人と失敗の責任を分かち合うのは、互いに負担が軽くなるからしてもよいが、手柄を分かち合おうとするのは、功名心が出て仲たがいの因《もと》になるから、よしたがいい。

人と苦難を共にするのは、負担を分かち合えるからしてもよいが、安楽を共にするのは、物欲が出てイガみ合いの因になるから、よしたがよい。

当《まさ》に人と過《か》を同じくすべく、当に人と功を同じくすべからず。
功を同じくすれば則ち相忌《い》む。
人と患難を共にすべく、人と安楽を共にすべからず。
安楽なれば則ち相仇《あだ》とす。

（前集一四一）

**【しなやかに生きるヒント】**

人間はもともと欲深で、しかも弱い心の持ち主である。利があると思えばそちらに靡《なび》き、楽だと思えばそちらに逃げる。たとえば音楽の世界でも、ストリートからメジャーデビューしてヒット曲を出したバンドは多いが、いつの間にか解散していたりする。

人間、いい仕事ができるのは、進歩をめざして精進している時であり、お金はないけれど志だけはみなぎっている時である。苦境を乗り越え、好調に転じると我利を求め、安楽を求めるようになる。苦しい時ほど結束力は高まり、貧しい時ほど仲良くなれるのは人間社会の真理である。

# 人に接する時は「君子の九思《きゅうし》」

空腹の時にはまつわりつき、満腹になると飛びさっていく。こっちの懐具合が温かな時には足しげくやってくるが、懐が寒くなると見向きもしなくなる。

それが人情の常というやつだ。

だから、真っ当な人物は、眼《まなこ》をこすって事態をながめ、静かに受け流していればよいのだ。くれぐれも、怒ったりクサッたりして剛直な心を動揺させないことだよ。

饑《う》うれば則ち附《つ》き、飽けば則ち颺《あが》り、
燠《あたた》かなれば則ち趨《おもむ》き、寒ければ則ち棄つるは、
人情の通患なり。
君子は宜しく当《まさ》に冷眼を浄拭《じょうしょく》すべし。
慎んで軽《かろがる》しく剛腸を動かすことなかれ。

（前集一四三）

**【しなやかに生きるヒント】**

孔子は、『論語』の中で、君子が常に心がけるべき態度として「九思」をあげている。「見るときははっきり見て、聞くときはしっかり聞き、顔つきはおだやかに、態度はうやうやしく、言葉は誠実に、仕事には慎重で、疑問は質し、怒りにはあとあとの面倒を思い、利益を前にしては道義を思う」と。こういう心や態度で人に接することができれば、たしかに心穏やかな人生をおくれるだろう。

# 押してダメなら引いてみな

事を急《せ》かせてもラチが開かないことがある。ゆっくりさせれば、かえって目鼻がついたりする。だから、人を急きたてて怒りなど買わないようにすることだ。

命令しようとしても従わない者がいる。これを放っておけば、逆に自分から進んで従うようになったりする。だから、無理に従わせようとして、かえって意固地にさせないようにすることだ。

事はこれを急にして白《あき》らかならざるものあり、
これを寛にせば或《あるい》は自《おのず》から明らかならん、
躁急《そうきゅう》にして以て其の忿《いか》りを速《まね》くことなかれ。
人はこれを操《と》りて従わざるものあり、
これを縦《はな》てば或は自から化せん、
操ること切にして以て其の頑《がん》を益《ま》すことなかれ。

（前集一五二）

**【しなやかに生きるヒント】**

植物は生長するのにゆっくり時間をかける。なのに、人はなぜ走り回るのだろう。たしかに人生の八割は苦しみであり、喜びは二割ほどであろう。だが、逆境や苦境の間には人間として成長できるチャンスがある。そのチャンスをつかむには走り回るだけではダメだ。「心まずしければ天地大ならず、心ゆたかなれば天地小ならず」、狭い小さな心では狭く小さな世界しか見えないが、広く豊かな心でいれば大きな世界が見えるというような境地に身を投じて、押して駄目なら引いてみることだ。

# 世の常識の〝逆〟を行え

馴れ親しんだ友人とは、日々新たな気持ちで交際することが肝心だぞ。目立たない小さな仕事をする時には、いっそう公明正大を心がけることだ。落ち目の人に接するには、一段と恩情をかけ礼儀をつくすことだよ。

故旧の交《まじ》わりに遇いては、意気愈々《いよいよ》新たなるを要す。
隠微の事に処しては、心迹《しんせき》宜しく愈々顕《あき》らかなるべし。
衰朽の人を待つには、恩礼当《まさ》に愈々隆《さか》んなるべし。

（前集一六二）

**【しなやかに生きるヒント】**

平穏無事に時の経過を待つだけでは進歩は生まれない。時代に取り残されないためにも、常に前向きの姿勢で仕事に取り組む必要がある。

仕事の八割は問題解決への戦いだと考え、新しい情報の収集を怠らないこと、小さな問題にも全力を出しきること、難局には自ら先頭に立って飛び込んでいくことだ。そうした心意気がなければ信用は得られない。

人間関係も同じである。親しい友だからといって気を緩めてはいけない、重要なポストから外れた人だからといってないがしろにしてはいけない。最善の解決法を見つけてあらゆる物的人的資源を活用しよう。

# 人情の機微を知ろう

人に恩恵を施す際には、最初はわずかにし、後から手厚く施すとよい。最初に手厚く施すと、人はその後のわずかな施しを、ありがたいと思わなくなるものだからだ。

威厳を示すには、最初にビシッと見せつけて、その後に緩やかにしていくとよい。最初に緩やかにして後から厳しくすると、人は後からの厳しさを怨むようになるものだからだ。

恩は宜《よろ》しく淡よりして濃なるべし。
濃を先にし淡を後にすれば、人は其の恵を忘る。
威は宜しく厳よりして寛なるべし。
寛を先にして厳を後にすれば、人は其の酷を怨《うら》む。

（前集一六七）

**【しなやかに生きるヒント】**

自分のために一生懸命やることは大切だが、貢献へのチャレンジも忘れてはならない。外から学ぼうという姿勢のほかに、自分は外に向けてどんな貢献ができるのか、どんな貢献をしていくのかも考えていくことができれば、人間的に大きく成長できるだろう。

だが、最初から大きなことをやろうと思うのは大間違いだ。小さなことから、また下からの積み上げ方式でなければ自分も成長しないし、相手も成長しない。そして、人の怨みを買わないように人情の機微にも配慮する必要がある。

# 悪評は酒の肴《さかな》、善行は謗《そし》りの的《まと》となる

人から受けた恩義は、どんなに深くたって報いようとしないくせに、受けた怨みはほんのわずかでも報復しようとする。

人の悪評は、あいまいでも疑いをさしはさまずに信じるくせに、善い評判は明白なものでも疑ってかかる。こうした態度は、冷酷の極み、軽薄の最《さい》たるものだから、陥らぬようよくよく自戒するがよい。

人の恩を受けては、深しと雖《いえど》も報いず、
怨は則ち浅きもまたこれを報ゆ。
人の悪を聞いては、隠れたりと雖《いえど》も疑わず、
善は則ち顕《あら》わるるもまたこれを疑う。
此《こ》れ刻の極、薄の尤《ゆう》なり、宜《よろ》しく切にこれを戒むべし。

（前集一九一）

**【しなやかに生きるヒント】**

妬《ねた》みとは、他人が優れていたりする場合に感じる劣等感や敵対心として表れる心の痛みだ。とくに自分にとって関心のあることについては、それを奪いたくなることが多い。

その一方で、自分に関心のないものであれば妬みの感情は生まれない。「他人の不幸は蜜の味」とか「人をそしるは鴨の味」と感じるのは人間のサガだが、その感情をコントロールできないようでは一人前の大人とは言えない。

# 多くの友を得ようとすれば、一人の友も得られんぞ

人を使うときには、厳しすぎちゃダメだ。厳しすぎれば、律儀者まで去っていく。

友達づくりは、やたらと手を広げすぎてはいかんぞ。広げすぎれば、オベッカづかいがやって来る。

人を用うるには、宜《よろ》しく刻《こく》にすべからず、
刻なれば則ち効を思う者も去る。
友に交わるには、宜しく濫《らん》にすべからず、
濫なれば則ち諛《ゆ》を貢する者も来たる。

（前集二〇七）

**【しなやかに生きるヒント】**

要するに「八方美人」になってはいけないということだ。誰に対しても愛想よく振舞い、当たり障りがなく応じるのは、相手に嫌われたくないという恐怖心によるものだが、簡単に妥協や同調する心が却って相手に不信感を与えるためにマイナスのイメージが強くなる。

しかし人間関係においては、好き嫌いの感情を抜きにして、いろいろな人と広くつきあって緩衝材の役割を果たせる人材も不可欠だ。ただしその場合も、広く浅くだけでなく、心の内面でのつながりを持つように心がけねば、人に役立つ人間関係は築けない。

# 第5章

# 自分の心に素直に向き合う

偉くなりたい、金持ちになりたい、
賢くなりたい、美しくなりたい……。
人の欲望は尽きることがないものだけど、
欲に縛られた心を解放してみれば、
幸せは自分の手の中にあったと気づくだろう。
あるがままの自然はそれだけで美しい。
人の心もまた雑念を取り払ってみれば、
本当の自分が見えてくるはずだ。

# 内心の声に耳を傾けよう

夜、一人静かに自分の心を見つめるといい。すると、次第に雑念が取り払われて自分自身を取り戻すことができる。そんな時に思いがけない良いアイデアが閃《ひらめ》いたりもするものだ。

ところが、またすぐに雑念が生じてくる。雑念はきれいサッパリ拭《ぬぐ》い去れるものでないと気づくことだな。そいつが心を見つめる際のコツであり、一段と深い内省への足掛かりになるんだよ。

夜深く人静まれるとき、独《ひと》り坐して心を観ずれば、
始めて妄窮《もうきわ》まりて真独り露《あら》わるるを覚ゆ。
毎《つね》に此の中《うち》において、大機趣を得《う》。
既に真現われて妄の逃れ難きを覚ゆれば、
また此の中において、大慚忸《ざんじく》を得。

（前集九）

【しなやかに生きるヒント】

忙しい現代人は座禅をする時間がないという。だが、夜寝る前にベッドの上で座禅の真似事ぐらいはできるはずだ。五分でよいから自分の心を深く掘り下げてみてはどうだろうか。

禅宗の教えでは、座禅の功徳《くどく》の第一を、「心身の不自然な束縛から自由となり、従来のいろいろなけがれた感覚や意識を断ち切って、自然な人間本来のありのままな境地を体得できること」だと言っている。

# 未来を見れば今が見えるよ

仕事だろうが恋愛だろうが、進退きわまったら、初心に立ち戻って考え直してみることだ。

すでに成功している者は、現状に満足せずに、行く末に思いを馳《は》せてみることだ。

事窮まり勢蹙《せいちぢ》まるの人は、当《まさ》にその初心を原《たず》ぬべし。
功成り行《こう》満つるの士は、その末路を観んことを要す。

（前集三〇）

**【しなやかに生きるヒント】**

「初心にかえれ」という言葉があれば、「終わりよければすべてよし」あるいは「有終の美」という言葉もある。つまり物事の成否を決めるポイントは最初と最後にあり、そのどちらかに狂いが生じた場合はたいていは失敗に終わる。

では、初心と有終とでは、そのどちらが重要なのだろうか。欲張った物言いかもしれないが、いずれも同時にチェックすべきである。初心にかえって原点を見つめ直す一方で、有終（結果）の方から逆算してみる目も大切だ。

過去を見れば今が見える。そして、未来を見れば今が見える。

# 自分が見えれば真理が見える

人の境遇を見てみると、満ち足りている者もいれば、そうでない者もいる。だのに、どうして自分だけは常に満ち足りていなければならないと思い込むのだろうか。

自分の心の動きを見ると、合理的な時もあれば不合理な時もある。だのに、どうして他人の心は常に合理的でなければならないと思い込むのだろうか。

と、まあそんなふうに、自分と他人を見比べて、自分の心の不都合に気づいて調整することが、真理に近づく手っ取り早いコツなんだがね。

人の際遇は、斉《ひと》しきあり斉しからざるあり、
而《しか》もよく己《おのれ》をして独り斉しからしめんや。
己の情理は、順なるあり順ならざるあり、
而もよく人をして皆順ならしめんや。
此《これ》を以て相観し対治せば、またこれ一の方便の法門なり。

（前集五三）

**【しなやかに生きるヒント】**

個人主義を利己主義とはき違えている人が多い。その結果、個人主義が否定されたりもする。だが本来の個人主義とは他人の個性を受け入れることである。お互いの共通点や違いを知ったうえで付き合うことのできる心の広さが求められるものなのだ。

異文化の存在や多様性を素直に受け入れられない人は、自分のことを深く知らない人である。自分の心を覗けない人に人の心はわからない。問題は自分の内にあるのだ。

# 人は誰もが天性の芸術家である

人は誰もが心の中に一冊の立派な本を持っているのに、身体《からだ》の外なるつまらぬ本の断片に埋もれさせてしまっている。

人は誰もが心の中に立派な音楽を持っているのに、身体の外なる淫《みだ》らな歌や踊りに埋もれさせてしまっている。

心ある者は、積もった塵《ちり》を払いのけ、自分の心の中の本を読み、心の歌を聴くべきなのだ。そうすれば、それらは息を吹き返し、素晴らしい真価を発揮することになるのだよ。

人心に一部の真文章あれども、都《すべ》て残編断簡に封錮《ふうこ》し了《おわ》らる。
一部の真鼓吹《しんこすい》あれども、都て妖歌艶舞《ようかえんぶ》に湮没《いんぼつ》し了らる。
学ぶ者は須《すべか》らく外物を掃除《そうじょ》して、
直ちに本来を覔《もと》むべく、纔《わず》かに個の真受用《しんじゅよう》あり。

（前集五七）

**【しなやかに生きるヒント】**

「自分探し」とは、自分の心の中にある宝物を探すことである。自分にはどんな仕事が向いているか、何をしたらいいのかと悩んでいる若い人は多い。

そういう若い人に聞いてみると、どこかに自分を生かせる道があるのではないかと彷徨《さまよ》いながら自分探しをしている。それでは、自分のやりたいことは見つけられない。ノウハウ本を読んだり、人のアドバイスを求める前に、自分の心の中にある宝（長所）探しをすべきである。

# 高きに昇れば昇るほど落下の恐怖は増すものだ

誰もが、有名になったり社会的な地位を得ることが楽しいことだと知っている。しかし、名もなく地位もない者が味わう楽しみの方がさらに上の楽しみであることに気づいている者は稀《まれ》だよな。

人は誰もが飢えや凍《こご》えが辛《つら》く避けたいものであることを知っている。しかし、飢えや凍えに無縁に見える金持ちの方が、いっそう飢えや凍えの恐怖にさいなまれていることに気づいている者はほとんどいないな。

人は名位《めいい》の楽しみたるを知って、
名なく位なきの楽しみの最も真たるを知らず。
人は饑寒《きかん》の憂いたるを知りて、
饑《う》えず寒《こご》えざるの憂いの更に甚しきたるを知らず。

（前集六六）

【しなやかに生きるヒント】

太宰治に『人間失格』という小説がある。このタイトルが心に残るのは、人間が人間でないという烙印を捺され、地獄に落ちることへの恐怖を感じるからだ。畜生や餓鬼はその怖さを感じない。

だが、人間は常に地獄を身近に感じながら生きているからこそ、道を踏み外さないように身を慎み、他人を思いやるようになるのである。地獄に落ちる恐怖や転落の恐怖を感じるのは、あなたが人間だからであり、より高みをめざして向上しようと思っているからなのだ。

# 忙中閑あり、苦中楽あり

静かな環境の中で心を平静に保っているうちは、マダマダだ。ドタバタした環境の中で静かに心を落ち着かせてこそ、本当の落ち着きだ。楽しい場所で楽しんでいるうちは、まだ真に楽しんでいるとは言い難《がた》い。苦しい状況の中で楽しんでこそ、身も心も本当に楽しんでいると言えるのだよ。

静中の静は真静にあらず、動処《とうしょ》に静にし得《え》来たりて、纔《わずか》に是れ性天の真境なり。楽処《らくしょ》の楽は真楽にあらず、苦中に楽しみ得来たりて、纔に心体の真機を見る。

（前集八八）

**【しなやかに生きるヒント】**

物事に動じない心、つまりどんなときにも平常心を保つことは難しい。スポーツ選手が平常心を大切にするのは、勝ちたい気持ちが強すぎると普段の実力を発揮できなくなるからだ。この日のために鍛練を積み重ねてきたのだから、普段通りの平常心で試合に臨めば必ず結果は出せるはず。そういう心境に至るための精神統一が勝利の方程式なのである。

# 心は世間を映す鏡なのだ

自分の心が円満ならば、世の中はおのずと円満な世界に見えてくる。心を常に寛大・公平に保っていれば、おのずと世の中にギスギスした感情など見当たらなくなってくるものさ。

此の心常《つね》に看得《み》て円満ならば、天下自《おのず》から欠陥の世界なし。
此の心常に放ち得て寛平《かんぺい》ならば、天下自から険側の人情なし。

（前集九七）

**【しなやかに生きるヒント】**

歪んだ心の持ち主は斜に構えて現世を否定することが多い。心の鏡に映った世の中が歪んで見えるからだ。一方、素直な心の持ち主は真正面から世の中を眺めるのですべてをありのままに受け入れられる。世の中が歪んでいるのではなく、自分の心が歪んでいることを忘れて、世間や他人を非難、批判する人のなんと多いことか。

もともと現世は完璧で理想的な世界ではない。人間がやっていることだから、ところどこに綻《ほころ》びは出てくる。それをいちいちあげつらっても心は満足しない。自分の目が曇っていないかどうか、心が歪んでいないかどうかをチェックし、そこに気づいたらすぐに修正できるようになれば一人前の大人と言えるだろう。

# 苦の波の静まるのを待て

水は、波立なければ、本来は平らになっているものであり、鏡は、ほこりで曇らなければ、自ずと明るく澄んでいるものなのだ。

だから、心自体を清くしようなどと考えるにはおよばないのさ。

心を曇らせているほこりを拭い去れば、清らかさは自然と現れる。楽しみも外に追い求めるには及ばない。心を苦しめている波が静まり去れば、そこに自然と楽しみが姿を現すものなんだよ。

水は波だたざれば則ち自《おのず》から定まり、
鑑《かがみ》は翳《くも》らざれば、則ち自から明らかなり。
故に心は清くすべきことなく、
そのこれを混《にご》らすものを去れば、清《せい》自から現わる。
楽《らく》は必ずしも尋ねず、
そのこれを苦しむるものを去れば、楽自から存す。

（前集一五〇）

**【しなやかに生きるヒント】**

「映るとも月と思わず、映すとも水と思わぬ広沢の池」という歌がある。広沢の池の水面に月が映っているが、水は月を映そうと思っているわけではなく、月も水に映ろうとしているわけではないという意味だが、これは剣の極意である、無心という心の働きを語っている。

水があるから月があるのではないし、多くの水に多くの月が映っても月の光自体に増減はなく、月の大きさも水の清濁も関係ない。肝心なのは月と水との関係なのである。

形のない心の働きを、月という形あるものにたとえているわけだが、「たとえ」というのは皆こういうことだ。だから、たとえにこだわって考えすぎる必要はない、本質を見ることが大事なのだ。

# すべては心の裡《うち》に備わっている

自分の功績を誇り、自分の学問を見せびらかす者は、みな自分の外の物にすがって生きようとしている者たちだ。

彼等は気づいていないのだ。人の内なる心の本体は、玉のような光を放っており、功績を誇ったり学問を見せびらかしたりしなければ、その輝きは失われないものであることに。

人は、功績や学問などなくても、否《いな》、むしろない方が、自《おの》ずと正々堂々と生きていけるということに気づいていないんだよなァ。

功業に誇逞《こてい》し、文章を炫燿《げんよう》するは、
皆是れ外物に靠《よ》りて人と做《な》るなり。
知らず、心体瑩然《えいぜん》として、本来失わざれば、
即ち寸功隻字なきも、
また自《おのず》から堂々正々、人と做るの処あるを。

（前集一八〇）

【しなやかに生きるヒント】

孔子は、口先がうまい人、心にもないお世辞や迎合的な態度をする人を嫌っていた。「巧言令色鮮し仁《こうげんれいしょくすくなしじん》」というのは、おしゃべりな人や目立ちたがりの人は軽薄で、人道の基本である徳を備えていない、だから信頼できないという意味である。

一方、「剛毅朴訥仁に近し《ごうきぼくとつじん》」というのは、物欲がなく、世俗の利欲に惑わされず、口数も少なく質朴な人は立派な人物だという意味だ。人の評価は心の持ち方によって決まるものなのだ。

# 正論もこり固まれば
# ただの意地だぞ

欲にこり固まった病は治せても、理屈にこり固まった病は治しがたいよ。物質的な障害は取り除けても、主義主張のこじれはイヤハヤ取り除きがたいものだ。

縦欲《しょうよく》の病《やまい》は医すべくして、しかも執理《しゅうり》の病は医し難し。
事物の障《さわ》りは除くべくして、しかも義理の障りは除き難し。

（前集一八七）

**【しなやかに生きるヒント】**

昔も今も、理屈っぽい人間ほど扱いにくいものはない。理屈というのはほとんどが後付けで、言い訳にしかすぎないものが多い。ことわざに、「理詰めより重詰《じゅうづ》め」というのがある。耳タコになるほど理屈を聞かされるより、重箱にいっぱいのご馳走をもらった方がありがたいもの、だから理屈で人をやりこめるより、上手に分かりやすく伝えることが大切だという意味だ。正論だからと言ってみんなが皆分かってくれるわけではない。なぜ分かってくれないか、そこが分からない人は皆理屈屋である。

# 暴れ馬と調子には、乗れば落ちるよ

喜びに浮かれて、軽々しく物事を引き受けてはならんよ。酔いにまかせて怒りを爆発させるのもイカン。

調子に乗って不急不要なことに手を出してはならんし、イヤになったからとて、後始末をいいかげんにするのもダメだぞ。

喜びに乗じて諾《だく》を軽《かろがろ》しくすべからず。
酔いに因《よ》りて嗔《いかり》を生ずべからず。
快に乗じて事を多くすべからず。
倦《けん》に因りて終りを鮮《すくな》くすべからず。

（前集二一三）

**【しなやかに生きるヒント】**

「人は財のために死し、鳥は食のために滅ぶ」ということわざがある。飛ぶためにエネルギーを消費する鳥は、常に餌を求めて飛び回らなければならない。餌を取るために生きているのか飛ぶために生きているのか。

同様に人間も、生きるために働いているのか働くために生きているのか分からなくなる。だから人間はときどき普段とは別のことをしたくなる。酒を飲むのはいつもとは違う気分に浸りたいからだ。ただし常ならぬことをする場合、危険が伴うことが多い。

普段と同じ姿勢で生きるのがいちばんだ。調子に乗って慣れないことをすると、時には命取りになることもある。

# 二十《はたち》過ぎればただの人

春に花咲くモモやスモモはあでやかだが、松や柏が冬になっても緑の葉を落とさずにいる堅実さにはかなわない。

ナシや杏子《あんず》の実は甘くておいしいが、橙《だいだい》の黄色い実や橘の緑の実が、冬になっても芳しい香りをたてているのにはかなわない。

総じて、派手で短命なものは、地味で長寿なものにはかなわんもんだよ。人の場合も同じこと、早熟の才子は、大器晩成の鈍才にはかなわないよな。

桃李《とうり》は艶《えん》なりと雖《いえど》も、何ぞ松蒼柏翠《しょうそうはくすい》の堅貞なるに如かん。梨杏《りきょう》は甘しと雖も、何ぞ橙黄橘緑《とうこうきつりょく》の馨冽《けいれつ》なるに如かん。信《まこと》なるかな、濃夭《のうよう》は淡久に及ばず、早秀は晩成に如かざることや。

（前集二二一）

【しなやかに生きるヒント】

「十《とお》で神童、十五で才子、二十《はたち》過ぎればただの人」と言われるように、大人になると記憶力が衰え、感性が鈍り、動作ものろくなる。だが、才気煥発であることだけが人間のすべてではない。草木が成長し、葉を繁らせ、花を咲かせ、実をつけるように、人は成長とともに智恵を蓄え、富を殖やし、友と遊んで楽しい人生を築くことができる。子供から大人に脱皮できることは人間の最大の喜びである。

# 宇宙は人にささやいている

小鳥のさえずりや虫の声は、宇宙が真理を以心伝心の裡《うち》に人に伝えるために送っているシグナルだよ。花や草が持つ色や形は、すべて宇宙が書き表わした文章だ。

だから、学問を志す者は、この宇宙のシグナルに耳や目を働かせ、心の中を清らかにして、五感に触れる物のすべてから宇宙の真理を会得しようと心がけなければならんのだよ。

鳥語虫声も、総《すべ》て是れ伝心の訣《けつ》なり。
花英草色も、見道《けんどう》の文にあらざるはなし。
学ぶ者は、天機清徹、胸次玲瓏《れいろう》にして、
物に触れて皆会心の処あらんことを要す。

（後集七）

**【しなやかに生きるヒント】**

柳生新陰流の祖、柳生石舟斎《せきしゅうさい》は「小才は縁に出会って気づかず、中才は縁に気づいて縁を生かさず、大才は袖すり合った縁をも生かす」と言った。
剣の極意は処世の極意でもある。五感を鋭くしていなければ、チャンスの女神の前髪をつかむことはできない。たくさんの飛び交う情報から本当に必要なものを選べないし、貴重な出会いも目の前を通り過ぎてしまっているかもしれない。「天の与えるものを取らざれば、かえってその咎めを受ける」のが人生である。

# 心の長短は時空を変える

時間は、人の思いによって延び縮みをするものだ。同様に、空間も人の心によって伸縮する。だから、心のどかな者の一日は、並の者の千年よりもゆったりと過ぎ、ウサギ小屋ほどの狭い部屋でも、心の広い者にとっては天地ほどの広さとなるのさ。

延促《えんそく》は一念に由《よ》り、寛窄《かんさく》はこれを寸心に係《か》く。
故に機間《かん》なる者は、一日も千古より遥《はる》かに、
意広き者は、斗室《としつ》も寛《ひろ》くして両間の若《ごと》し。

（後集一九）

**【しなやかに生きるヒント】**

「時と忍耐は桑の葉を紬《つむぎ》にする」という格言がある。最近は蚕を知らない子供たちが多いが、蚕の餌が桑の葉であり、蚕が蛹になってその殻から絹糸が取れる。その絹糸を織った高級衣料の紬をつくるまでには、時間と人手と資金と技術が必要になる。その中で、人手と資金と技術は人間の努力と忍耐によって生み出せるが、時間だけは人間にはどうしようもないものである。その時間を有効に使えるかどうかで人生は決まる。

昔から「学ぶに暇あらずという者は、暇ありといえども学ばず」と言われている。忙しいと思う心が世界を狭くしているのだ。何事についても、心を落ち着けて広く長い目で世の中を眺めることができれば、必ずや大きな成長や変化を成し遂げられる。

# 波立てば、水底見えずだ

忙しくアタフタしている時には、日頃は記憶していたことまでアヤフヤになってくるだろう。一方、さわやかで安らかな環境に身を置くと、とうの昔に忘れていたことまでが、アリアリと甦《よみがえ》ってきたりする。

記憶ばかりか物事は、心が静寂であるか騒々しいかのほんのわずかな相異で、アヤフヤだったり、アリアリだったりと、大きな相異を生ずるものであることに気づくべきだよ。

時、喧雑《けんざつ》に当たれば、則ち平日記憶するところのものも、皆漫然として忘れ去る。
境、清寧に在れば、則ち夙昔《しゅくせき》遺忘するところのものも、また恍爾《こうじ》として現前す。
見るべし、静躁《せいそう》稍《やや》分るれば、昏明頓に異なるを。

（後集三八）

【しなやかに生きるヒント】

妄想や邪念が心や頭脳を曇らすことのないように、普段から心を磨き、脳を鍛え、常に「明鏡止水」の境地で生きていきたいものである。

明鏡とは、一点の曇りもない鏡のこと、止水とは、波のない静かな水面のこと。邪念がなく、澄み切って落ち着いた心のことだが、その境地に到達するためには、時間に追われたり、仕事が多すぎたりという忙しい生活を送っていたのではダメだ。

行き詰まったときは環境を変えてみよう。明鏡止水の境地に入るためには頭を空っぽにすることが肝心である。

# 栄枯盛衰は世の習い、この世に不変はないと知れ

頭髪が抜け落ち、歯がまばらになってきたら、盛んなものが衰えるのは天の理法と心得て、借り物である肉体がしぼみ衰《おとろ》えるに任せるがいい。

春が来て小鳥がさえずり花が笑い咲くのを見たら、衰えたものが再び盛んになるのも天の理法と悟るがよい。

髪落ち歯疎《まばら》にして、幻形の彫謝《ちょうしゃ》に任せ、
鳥吟じ花咲《わら》いて、自性の真如《しんにょ》を識《し》る。

（後集五一）

【しなやかに生きるヒント】

「老化は人間に対する歳月の侮辱」だと言われる。長い年月を生きている間に、時間が肉体を蝕み、精神を衰えさせる。それは自然の営みであり、素直に受け入れるしかない。

とはいえ、老人にも生きがいはある。ある人は「子供が私の年齢まで長生きできるように挑戦目標を与えることが生きがいだ」と答える。またある人は「一粒の麦もし地に落ちて死なずば、ただ一つにてあらん、死なば多くの実を結ぶべし（地面に落ちてしまえば一粒の麦だが、落ちれば新たな麦が育って多くの実をつける）」と答える。さらに「人は死ぬために生きる」と答える人もいる。

老年になったら、わが人生をいかに生きるか再考しなければならない。

# 色と欲とは死ぬまで離れぬ

あれほど栄えた西晋が亡び、都の跡は今やイバラやハシバミで覆われているのを目の当たりにしているというのに、人はまだ武器をかざして覇権争いをやめようとしない。

肉体はいずれ洛陽郊外の墓地に葬られ、キツネやウサギの好き放題にされると分かっているのに、まだあさましくも金銭を追い求めている。

諺《ことわざ》もこう言っている。「猛獣を静めるのは容易でも、人の心を鎮めるのは難しい。谷を埋めるのは容易でも、人欲を埋め尽くのは難しい」と。

イヤハヤまったくその通りだ。

眼に西晋《せいしん》の荊榛《けいしん》を看《み》て、猶《なお》白刃に矜《ほこ》る。
身は北邙《ほくぼう》の狐兎《こと》に属して、尚《なお》黄金を惜しむ。
語に云《い》う、「猛獣は伏し易《やす》く、人心は降し難し。
谿壑《けいがく》は満たし易く、人心は満たし難し」と。
信《まこと》なるかな。

（後集六五）

**【しなやかに生きるヒント】**

若い時の色情の戒、壮年時の闘争心の戒、老年の名誉欲の戒のことを「君子の三戒」と言う。戒律があるということは、それらは人間の業であり、死ぬまでついてまわるということでもある。

もともと「生は奇なり、死は帰なり」である。人は天地の本源から生まれてこの世に仮に身を寄せているにすぎない。だから死ぬことはその本源に帰ることである。競争や金儲け、色情や食欲なども、所詮は生きている間の束の間の欲望にしかすぎないのだ。

# 制約も自由も自分の心次第

魚は水中を泳ぎまわっているが、水の存在を忘れている。鳥は風に乗って飛びまわっているが、風の存在を忘れている。

だからこそ自在に泳ぎ、自在に飛べるのだ。

だから人間も、自分の外の存在物から脱却し、天然自然の作用を自在に楽しむ境地に至るべきなんだがなァ。

魚は水を得て逝《ゆ》いて、水に相忘れ、
鳥は風に乗じて飛んで、風あるを知らず。
此《こ》れを識《し》らば、以て物累《ぶつるい》を超ゆべく、
以て天機を楽しむべし。

（後集六八）

**【しなやかに生きるヒント】**

自分の置かれた環境とか境遇とか「所与《しょよ》の条件」に対して、どのように自分を適応させ、折り合いをつけて生きていくかは人生最大の悩みである。そうした条件を制約と考えればクリアするために戦うことが必要になる。

だが、生きていることそのものを喜び、感謝するようになれれば、制約だと思っていた環境や境遇もまったく気にならなくなる。周りを意識しなくなれば人は自由になれるのだ。

自由の邪魔をするのは後天的に得た言葉や知識である。心を理屈から解放してみよう。

# 専心は無心に通ず

今どきの者は、ひたすら無心になろうと願って、結局無心になれずにいる。

既に起きてしまったことに心をとどめるな。これから起こることをあれこれ思い悩むな。ただ現在起きていることに心を集中して淡々とこなしていけ。そうすれば、自然と無の境地に入っているものなのだ。

今人専《もっぱ》ら念なきを求めて、而《しか》も念終《つい》になかるべからず。
只《た》だ是れ前念滞《とどこお》らず、後念迎えず、
但《た》だ現在的の随縁を将《もっ》て、打発し得《え》去れば、
自然に漸々《ぜんぜん》に無に入らん。

（後集八二）

【しなやかに生きるヒント】

「無心」とは純真な心、無邪気な心、妄念を離れた心のこと。座禅をすると無心になれるというが、俗人はすぐには無心になれないため、まず頭の中を邪念や悩みや苦しみなどの感情で一杯にし、それ以上は思いつけない状態にたどりつくように指導される。無心というのは、人間らしい感情を捨てたり、感情から逃げたりすることではなく、なぜ苦しみや悩みが生じるのかを考え抜いた先にあるものだからだ。

　辛さ、苦しさから逃げることは生きていくことから逃げることにほかならない。他に心を向けず、ひたすら一つのことに心を集中すること、わき見をせずに自分の感情の源に何があるのか考えること、それが「一意専心」であり、無心に通じる心なのである。

# 「天人一如《てんじんいちにょ》」は心を照らす鏡だ

雪の積もった静かな夜に、月が皓々《こうこう》と天にかかれば、心も自ずと清らかに澄み通ってくるじゃないかね。

春風がポカポカと吹けば、気持ちも自ずとやわらぎなごむ。

ことほど左様に、自然と人間は、本来は渾然一体な存在なのだよ。

雪夜月天《せつやげってん》に当たれば、心境は便《すなわ》ち爾《しか》く澄徹す。
春風和気に遇えば、意界もまた自《おのず》から冲融《ちゅうゆう》す。
造化・人心は、混合して間《かん》なし。

（後集九三）

【しなやかに生きるヒント】

明治人は「天」を意識し、人生の指針あるいは自分の心を照らす鏡と考えていた。中村正直は、英語のセルフヘルプを「天は自ら助くる者を助く」という名文句に訳し、福沢諭吉は「天は人の上に人をつくらず、人の下に人をつくらず」と書いた。

ところが最近は、「天」を敬い、「天の摂理」を畏れる人が少なくなった。「人事を尽くして天命を待つ」という格言も、自分の運命についての期待をこめて使われ、「これだけやったのだから……」というさもしい心根が見え隠れする始末だ。

# 「自他合一」の心こそ究極の愛

静けさを好み騒がしさを嫌う者は、往々にして人との交際を避けることによって静寂を得ようとする。

だがね、人のいないのを善しとしているのは、我と人とを区別する我執に取りつかれているのと同じであり、心を静けさに執着させていること自体が、心を動かし乱す原因になっていることに気づいていないのだ。

そんなことでは、自他を同一視して静騒の区別を忘れて心を遊び楽しませる究極の境地にはとうてい到達できんだろうよ。

寂を喜《この》み喧《けん》を厭《いと》う者は、往々にして人を避けて以て静を求む。
意、人なきに在れば便《すなわ》ち我相を成し、
心、静に着せば便ち是れ動根なるを知らず。
如何《いかん》ぞ、人我一視、動静両忘的の境界に到り得ん。

（後集一〇六）

**【しなやかに生きるヒント】**

西田幾多郎の『善の研究』に、「我々が物を愛するといふのは、自己をすてて他に一致するの謂である。自他合一、其の間一点の間隔なくして始めて真の愛情が起るのである。（中略）我々が自己の私を棄てて純客観的即ち無私となればなるほど愛は大きくなり深くなる」とある。

物を愛するというのは、自己を棄てて、他に一致するということで、この「自他合一」によって初めて真の愛情がおこる。他人のことを自分のこととして考えられるようになれば、その愛は大きく深くなるとして、「自他合一」の心を究極の愛の源としているのだ。

相手の心を自分の心と感じて一緒に笑い、泣くことができる人は真の愛を知っている。

# 自然を友として生き、その治癒力を活用しよう

高い山に登れば、遥か彼方まで眺められ、心が広々としてくるものだ。清流に臨めば、心が洗われて、俗気から遠ざかれる。

雨や雪の夜に本を読めば、心にしみて、精神が清らかになってくる。丘の上で歌を唄えば、歌声が遠くまで通って、気持ちが晴れ晴れとしてくるものだよ。

高きに登れば人をして心曠《ひろ》からしめ、
流れに臨めば人をして意遠からしむ。
書を雨雪の夜に読めば、人をして神《しん》清からしめ、
嘯《しゅう》を丘阜《きゅうふ》の巓《いただき》に舒《の》ぶれば、人をして興《きょう》邁《ゆ》かしむ。

（後集一一四）

**【しなやかに生きるヒント】**

自然を友として生きるということは、「時は春、日は朝《あした》、朝《あした》は七時、片岡に、露みちて、あげひばり、名のりいで、かたつむり、枝に這《は》ひ、神、空に しろしめす、すべて世は 事もなし」（上田敏が訳したブラウニングの詩『春の朝』）の境地に至ることだろう。この世の物事すべてを祝福したくなるような、清らかで喜びにあふれた風景が目に浮かぶ。

人生を終わるときには「All's right with the world!!（すべて世は事もなし）」と言って消えていきたいものである。豊かな自然を友として暮らすうちに、心に溜まっていた俗世の澱《おり》はいつの間にか消えてしまうだろう。そんな清らかな精神で迎える終焉の時に思うのは、特別なことを為さなくとも、自分の人生は平穏無事で楽しいものだったということだけだ。自然は心を癒す神秘的な力を持っている。

# 欲も身のうち、欲を滅ぼせば身も亡ぶ

風や月、花や柳がなくては、自然が成り立たないように、情欲や好き嫌いがなくては、人間の心は成り立たないんだよ。人間がそれらを上手にコントロールしており、それらに突き動かされているのでなければ、情欲も好き嫌いも何ら否定すべきものではないんだ。むしろそれこそが自然な、あるがままの姿なのさ。

風月花柳なければ、造化を成さず。
情欲嗜好《しこう》なければ、心体を成さず。
ただ我を以て物を転じ、物を以て我を役《えき》せざれば、
則ち嗜欲も天機にあらざるなく、塵情《じんじょう》も即ち是れ理境なり。

（後集一一六）

【しなやかに生きるヒント】

「好き」の反対語は「嫌い」ではない。両者はもともとは同じ感情で同列にあるものだ。ところが、「嫌い」なのに「好き」にならなければいけないと思い、「嫌い」に思ってはいけないと考えるから、心に負担を生じて自分を追い込み、人間関係に悩みが生じるのである。嫌いだと感じる心はいけない心ではない。怨み、妬み、不安などのマイナス感情は、もともとは自分を守り、人の幸せを思う、なくてはならないものでもあるのだ。

良い心だとか、悪い心だとか悩み考えることはない。あるがままの姿を受け入れて生きてみよう。

本書は『人生のピンチに読む「菜根譚」のことば』
（２０１３年／静山社文庫）の新装版です。

**佐久協**（さく・やすし）
1944年東京生まれ。慶應義塾大学文学部卒業後、同大学院で中国文学、国文学を専攻。慶應義塾高校で教職に。国語、漢文、中国語などを教え、多くの生徒に親しまれてきた。2004年に教職を退き、以降は思想、哲学、漢籍、日本語などをテーマに執筆活動を行う。『高校生が感動した「論語」』（祥伝社新書）がベストセラーとなり、論語解説の第一人者に。著書に『「孟子」は人を強くする』（祥伝社新書）、『論語が教える人生の知恵』（PHP研究所）、『親子で読むはじめての論語』（成美堂出版）、『ためになる論語の世界』（学研プラス）、『あなたの悩みを晴らす論語』（池田書店）、『「論語」2000年の誤訳』（ベストセラーズ）など多数。

# 「菜根譚」のことば
しなやかな心で生きる

二〇一九年一二月二〇日　第一刷発行

著　者　佐久協
発行者　松岡佑子
発行所　株式会社 出版芸術社
〒一〇二-〇〇七三
東京都千代田区九段北一-一五-一五　瑞鳥ビル
TEL　〇三-六三八六-一七八六
FAX　〇三-三二六三-〇〇一八
URL　http://www.spng.jp/

カバーデザイン　小林義郎
本文イラスト　かたおかともこ
組版　アジュール
印刷・製本　中央精版印刷株式会社


ISBN 978-4-88293-527-8 C0095